山登りはこんなにも面白い

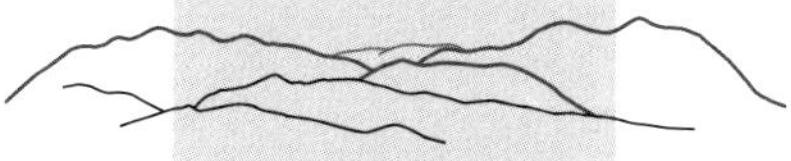

静かなる私の名山を求めて

窪田　晋二
檀上　俊雄
草川　啓三
中西さとこ
横田　和雄

ナカニシヤ出版

山登りは
こんなにも面白い

静かなる私の名山を求めて

Contents

Contents

はじめに

ここに登場する五人の登山者は、登山のエキスパートといった特別な人間ではなく、永年登山を楽しんできた、ごく一般的な登山者である。その五人の登山者の普段の山行から、それぞれが考える山登りの素晴らしさ、楽しさ、面白さといったことを、実際の山行から語ってもらった。

それぞれに山への思いは異なるものの、自分の意思を持って山に向かっている人に共通しているのは、窪田晋二がプロフィールで伝える「登山道からの解放」という言葉である。今の山登りを見ていると、横田和雄が「ガイドブックに載らない小さな山」の冒頭で語っている、「九割の登山者が一割の山（有名な山）へ向かい、一割の人が九割の山に登る。」という現状であろう。情報あふれる現代社会の中では、よく知られていない山でも、その山へ登った登山ルートなどの記録を見つけ出せることは多い。なのに、なぜ山国日本の無数にある山々の中で、ほとんどの登山者が一割の山にしか向かわないのだろうか。

ここに登場する五人の登山者は「登山道からの解放」という言葉からすれば、一割の人の中に入るのであろうが、その行動の根本は「山に登る悦びを求めて」という言葉に尽きる。しかし「登山道からの解放」という共通するものがあっても、先に書いたようにそれぞれの山への思いは違うし、アプローチも異なる。

窪田晋二は「山高きを以って貴しとせず、人少なきを以って貴しとす」をモットーに、地形図上でおもしろい地形を探しては、単独行で雪山、ヤブ山、沢を歩き回る、このメンバーの中では最もハードな登山を重ねている。檀上俊雄は日本列島の地理学的興味から山歩きを始め、亜寒帯から亜熱帯に至る多彩な日本列島の二〇〇〇万年の歴史に身を置き、地図の中に山・自然・旅を求め、歩いてきた。今は中央分水嶺を通して山歩きを楽しんでいる。草川啓三は地域研究的な山歩きに没頭したり、遠く暮らした山人の跡を追ったりと、地図を見て山歩きを創造する愉しさを見つけ出している。中西さとこは今住む高島から望む山、さらにその向こうに連なる山を歩き、その山々で出合った道や暮らしの痕跡から、その延長上に今在る私と重ね合わせた、内なる旅を続けている。横田和雄の選んだ山は、他の四人とは違って超ユル山登山が中心である。その山行の選択は、「手垢のついていない山を探す。それには地図をにらんで、地形から想像する、自分の目で、実地で見て選ぶ。そして「小さな山」に目を向ける。」である。

不思議なことにこの中では最もハードな窪田と最もユルい横田とは、「静かでなければ山じゃない」というその言葉や、求めている山の論理は最も近い。であるのに選んだ山はまったく違うし、山へのアプローチの方法もまったく違う。これが「一割の人が九割の山に登る」ということであり、山登りの面白いところではないだろうか。

こうした五人の山登りへの思いは、それぞれの人が永年山登りを続けてきたなかでの選択であり、個性である。「登山道からの解放」は「人が決めた名山からの解放」への道となる。このそれぞれの山登りから、自分自身の名山を選ぶヒントとしていただけたらという思いとともに、楽しくて面白い、山の頂上へと至る道標になればと願う次第である。

登山道からの解放

窪田晋二の山

Kubota shinji

右上
若狭／今古川の裏見の滝
右下
越美国境／金草岳ガンドウ尾根の核心部

左上
奥越／堂ヶ辻山の広大な雪尾根
左下
野坂山地／ノロ尾の高（大御影山）のブナ

雪山・ヤブ山・沢を愛して歩く

窪田晋二

一九五六年大阪市生まれ。

ハイキング好きの母親に連れられて行った低山ハイクとボーイスカウト活動の影響か、中学一年の時に急に思い立ったようにひとりで登山を始めた。高校では山岳部に所属して、パーティー登山の規律と楽しさを覚えたが、卒業するとまた単独に戻った。とは言っても、高校時代にもクラブの部室から無断でテントを持ち出してひとりで登ったりしていたから、単独行をやめていたわけではない。

大学時代に中学校の同級生と沢登りを始め、その面白さに熱中した。登山道のない山を歩くおもしろさ、ひと気のない山歩きの楽しさを覚えた時期と言えるだろう。その後、社会人になってゴルフに熱中し、一時期、極端に山行回数が減ったこともあったが、勤めていた会社の倒産を機に再び山にのめり込み始める。

「新ハイキング関西」に連載されていた岩野明氏の「近江側から登る鈴鹿の山々」で鈴鹿のバリハイに目覚める。その延長線上に現在の若狭・湖西・湖北の登山道のない山歩きがある。

今は無くなったニフティの「山のフォーラム」の後継として、二〇〇五年よりネット上の山の掲示板である「やぶこぎネット」を友人と共に主宰。「山日和」のハンドルネームで活動している。

ホームグラウンドは上記の低山。それに加えて越美国境や奥越、奥美濃の雪山をこよなく愛する。台高・大峰もよく歩いた（特に沢登りでは）が、やはり雪の多い山の魅力が勝ってしまうようだ。

人が決めた「名山」にはまったく興味がなく、地形図を眺めて見つけた面白そうな地形に強く惹かれる。

モットーは「山高きを以って貴しとせず、人少なきを以って貴しとす」。

雪山・ヤブ山・沢と、一年を通じて一般登山道を歩くことは少ない。そのため一日歩いてひとりの人にも会わないことがしばしばである。

また、山と温泉は不可分であるというポリシーを持ち、下山後の温泉は欠かせない。

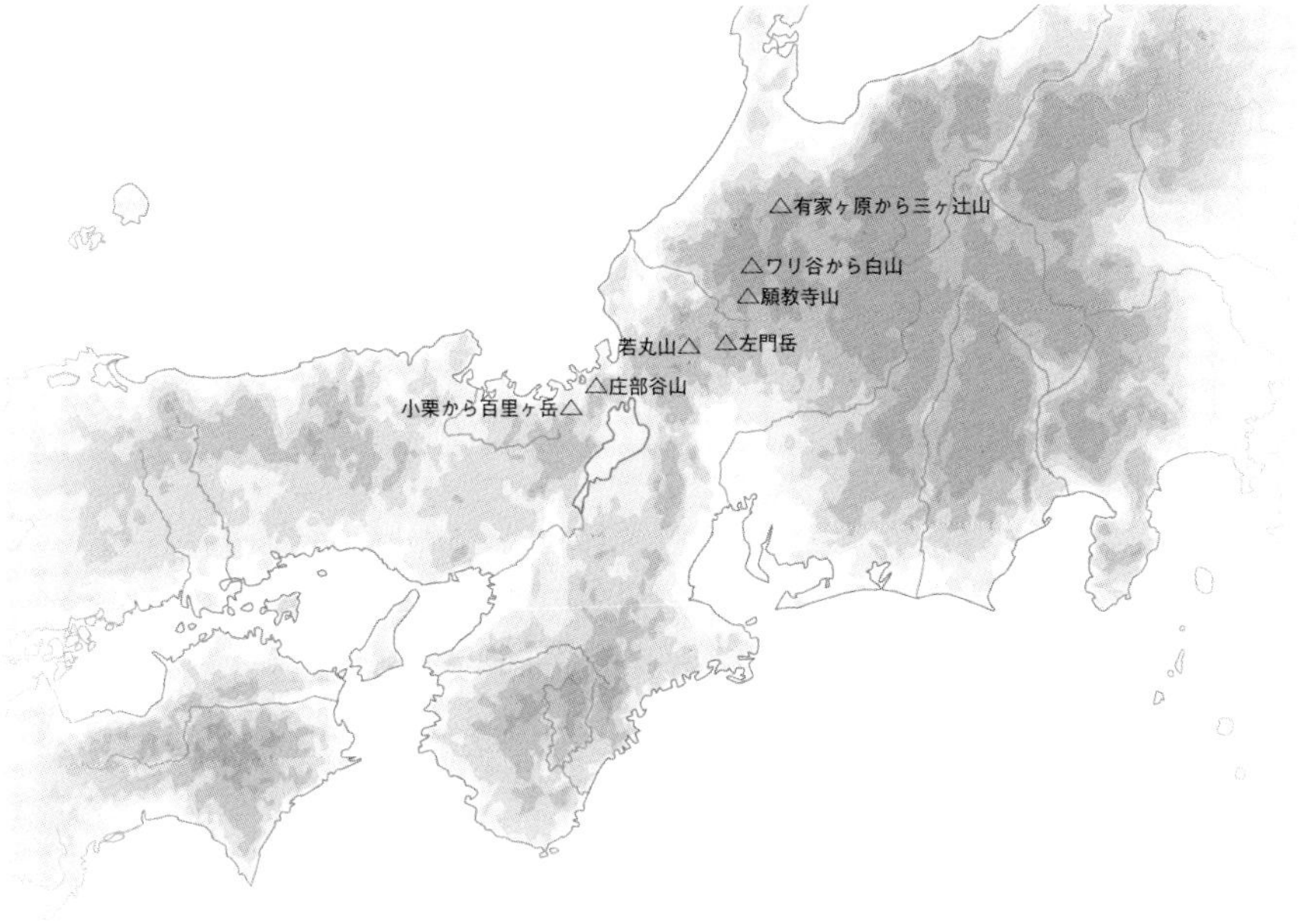
△有家ヶ原から三ヶ辻山
△ワリ谷から白山
△願教寺山
若丸山△
△左門岳
△庄部谷山
小栗から百里ヶ岳△

窪田晋二の山 ①

奥美濃 左門岳

穏やかな源流を巡る沢旅

左門岳。「男ひとりを川浦《かおれ》へやるな」と言われた奥美濃の険谷、板取川川浦谷の源流に位置する山である。以前は沢を遡行する以外山頂に到達する道はなかったが、近年上大須《かみおおず》ダムより登山道が拓かれ、誰でも登れる山になってしまった。

川浦谷の源流（銚子洞《ちょうしぼら》という）は大きく二つに分かれ、それぞれ「沢ノ又」「大平《おおひら》」と呼ばれている。この二つの源流は、二俣より下流に厳しいゴルジュや滝を内蔵しているとは想像もできないほど穏やかな流れで左門岳の山頂へ突き上げている。私がこの源流に興味を持ったのは、左俣の大平の地形である。地形図で谷筋と右岸の尾根の等高線を目で追って行くと、一か所だけ谷筋の等高線が補助曲線になっていて、尾根と混然一体になっているように見えたところがあった。谷筋に立った時にすぐ目の高さに尾根が見える風景。これを自分の目で確かめてみたいと思ったのだ。左門岳山頂から沢ノ又へ。そして二俣から大平へと巡る源流行は、原生の森に包まれた穏やかな流れをひたひたと辿る、まさに桃源郷の山旅と呼ぶにふさわしいものであった。

P10
沢ノ又の流れの脇で見つけた秋の恵み。キノコの多い谷だ
P11 上
3月中旬の大平源頭部はたっぷりの雪で覆われている
P11 下右
沢ノ又の穏やかな流れ。ほとんど落差がない
P11 下左
銚子洞が大平と沢ノ又に分かれる二俣の滝。大平はこの滝で始まる

西河内谷から尾根に上がると上大須ダム湖の全景が見えた

上大須ダム湖畔の道を走り、東河内《かわち》谷と西河内谷を結ぶ河内谷橋のたもとに駐車。今回は西河内谷からのアプローチだ。いきなりの「クマ出没注意」の看板にちょっとたじろいだ。舗装の切れた林道は左岸へ渡り、奥へ延びている。林道が終わり山道に入ると、前方に林業用のモノレールが現われた。

何度か流れを渡り、再び左岸を行くと、左側にオイル缶とヘルメットを突き刺した棒が立っている。何事かと見てみると、「左　左門岳」とマジックで書いてあった。左へ流れを渡ると、いよいよ南西尾根への取り付きだ。道はジグザグを切って登っており、疲れを感じさせない。左の斜面の林が朝の光に包まれ、黄紅葉のきらめきが眩しい。

意外に早く稜線に到着。風が強い。振り返ると上大須ダム湖がキラキラと輝いている。主稜線はまだだろうと小広い所で小休止、出発してほどなく村界尾根に出たと思ったら、どこかで見た風景。すぐに左門岳の頂上だった。

ここで渓流シューズに履き替える。いつもなら遡行終了して登山靴に履き替えるところだが、今日の頂上は単なる通過点に過ぎない。これからが長丁場だ。

方向を確かめ、沢ノ又源頭の急斜面に飛び込む。溝状の流れがだんだん水量を増していき、支流をいくつも合わせるにつれ川らしく姿を整えていく。

下降し始めて三〇分ほどで平流地帯に出た。大平源頭同様、傾斜のない流れが原生林の中をゆったりと蛇行している。流れが真南に方向を変えたところで、直径二メートルはあろうかという大きなトチの木が現われ、その向こうに広い河原があった。日当たりもよく、ランチタイムには最高のシチュエーションだ。

●コースメモ

根尾東谷川の最上流に位置する上大須ダムまで車で入ることができる。積雪期はダムの管理施設まで、除雪が進めばダム湖が終わる河内谷橋まで進入可。西河内谷の林道は延伸が進み、近年状況がかなり変化しているようで注意が必要だ。

左門岳山頂までは西河内谷の途中から右岸尾根へ上がるしっかりした道が付けられている。

山頂から沢ノ又へ下りて、二俣から大平を遡るルートは沢歩きの心得が要る。沢ノ又は落差のないのんびりとした沢歩き。二俣から大平へ入ると入口の小滝を皮切りに連瀑帯があるが、問題はない。

地形図でも顕著な、谷筋と尾根が高低差なしに接近するところから尾根に乗れば、東河内谷と西河内谷の中間尾根には踏み跡がある。尾根の末端が河内谷橋。

時間があれば「うすずみ温泉」で汗を流して帰りたい。

2.5万分の1地形図／平家岳

大平出合はすぐだった。谷はゴルジュの様相を呈しはじめ、出合には五メートルほどのワイドな斜瀑を架けている。流芯を直登するがこの谷の岩はよく滑るのでまったく油断できない。いくつかの小滝をこなし、しばし平流の後再びゴルジュ。五メートルと八メートルの滝が続く。下段は右手前から斜面を這い上がり、木の枝を頼りに落口へトラバース。上段は右のガレから巻き上がる。夏なら果敢にチャレンジしたいところだ。その先は、時折ナメ滝が走るものの、概ね平流が続く。左右から何本かの支流を合わせると、左手の空がやけに低くなってきた。「あそこか」。今年の五月に見つけた桃源郷。流れから尾根までわずか五メートルほどの高低差しかない不思議な場所。思わず顔がほころぶ。半年前は半分雪のカーペットだったが、今日は落葉の絨毯を踏みしめて歩く。

沢ノ又でもそうだったが、ここでもくるぶし位の浅瀬にイワナが走っていた。桃源郷での半年振りのコーヒータイム。時間は流れているのか、止まっているのか。少なくともゆっくりと流れていることは間違いない。そんな思いを抱かせる悠久の樹林。人間にはこんな心の洗濯をできる場所と時間が必要だ。

下りは前回と同じく両河内谷の中間尾根に向かう。この道も素晴らしい展望の尾根だ。心なしか春よりも踏み跡が薄くなっているような気がする。

最後は急斜面を転げ落ちるように下降すれば、朝の駐車地の真ん前だ。

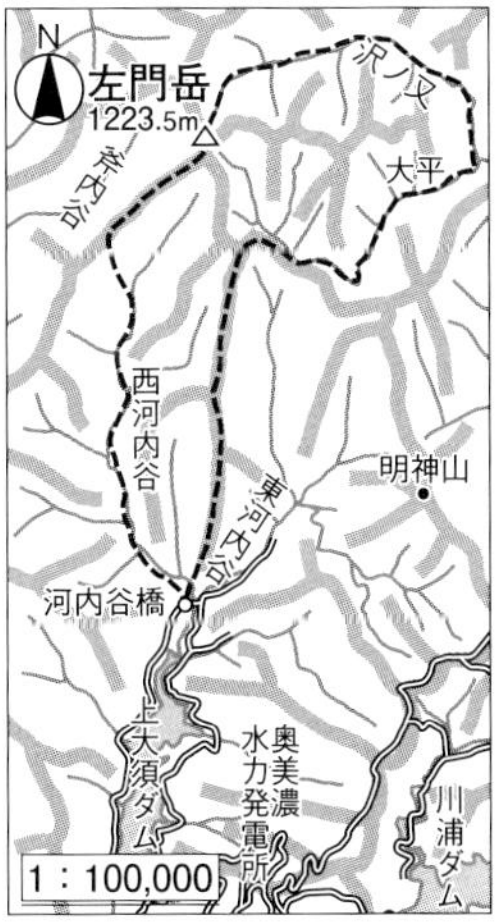

窪田晋二の山 ②

越美国境
若丸山

雪に閉ざされた国道から越美国境の名峰へ

越美国境のど真ん中にある若丸山は奥深い山だ。登山道は無く、無雪期にはヤブを漕ぐか沢を詰めるしか山頂に立つ手立てはない。積雪期はどうかといえば、現在では国道四一七号の開通を待って、岐阜県側から残雪の尾根を辿るのが一般的である。

徳山ダムができる前に滝ノ又谷を遡行して山頂に立ったことがあった。三角点のまわりだけにはヤブがなく、道のない奥美濃の山にしては展望を楽しめる開けた山頂だった。それ以来、雪の若丸山に立つことは大きな憧れであった。

福井県側から雪の若丸山に登るためには、温見峠越えの国道一五七号の除雪がどこまで進んでいるかが成否の分かれ目である。開けた谷間に分厚い雪が積もった長い国道歩きは、いつも見ている雪山の風景とは違った面白さがあった。それはハイスピードで車が駆け抜ける無雪期の日常とはまったく違う、ちょっとした異次元の世界に迷い込んだような新鮮な感覚だった。原生の森を抜けて越美国境稜線に達し、辿り着いた若丸山の山頂は、次なる山への思いをかき立てる新たな出発点でもあった。

P14
雪の消えた若丸山頂には古い立派な道標がある
P15
国境稜線の日当りのいい南面は雪が切れてヤブが露出している

 越美国境／若丸山

越美国境稜線への尾根には広大な雪原や原生の森がある

夜中からかなりの冷え込みがあり、朝になってもなかなか気温が上がらない。そのおかげで国道に一メートルばかり積もった雪はビシビシに締まっていた。退屈が予想された国道歩き。これが意外に面白かった。二車線の国道にべったりと積もった雪はこれまで見たことのない眺めだ。雪の上に国道標識が頭を出している。

国道が峠を越える手前に熊《くま》ノ河《こ》集落跡がある。ここから南へ伸びる長い尾根に取り付いた。しばらくは植林あり、少しヤブっぽい細尾根ありで期待には応えてくれなかったが、徐々にブナが目立つようになると、ようやく思い描いていた雪尾根歩きに変わった。温見《ぬくみ》川の対岸には姥《うば》ヶ岳の稜線が長く尾を引いている。ひと際高い能郷白山《のうごうはくさん》の山頂部は雲の中だ。

右から広く緩い疎林の谷が上がってきた。いい雰囲気だ。そして登りつめたところは雪の台地。舟窪地形の周りにブナの大木が点在している。南西方向の展望が開け、県境一二六二メートルピークとアラクラの鋭鋒が美しい。その向こうには冠山の頭が覗いている。ここからはまだ若丸山は見えない。

一〇九一メートルの次のピークから素晴らしいブナの饗宴が始まった。ここまで比較的若いブナ林に時々太いものが混じるという感じだったのが、このあたりからは大木が立ち並び、いかにも原生の森というムードを醸し出していた。雪面には無数のブナの実が散らばっている。そしてもうひとつ、この尾根を特徴付けるものがある。それは広大な雪原だ。一二〇一・九メートル三角点の飯盛山から展開する雪原は見事としか言いようがない。単にだだっ広いだけではなく、微妙な起伏が生み出す陰影の美しさにはうっとりさせられてしまう。もちろん雪原にはブナの木がスパイスを利かせている。

越美国境稜線へ最後のアプローチはちょっとしたナイフリッジ状になっていた。飯盛山から稜線までほとんど高度差はなく、目の高さと変わらない位置に稜線が見える。いつもながらこの国境稜線へ向かう時には心が躍る。一気に広がる美濃側の展望を想像するだけでも身震いしそうだ。

県境ジャンクションの一二二六メートルピークから若丸山山頂への稜線では予想外の苦労をさせられた。これまで十分過ぎるくらいの残雪に覆われていた山稜は、ここに至って痩せてヤブの露出した尾根へと変身したのである。稜線の南面は雪が落ちて雪山らしさを失っていた。山頂直下でアイゼンを着け、ストックをピッケルに持ち替えた。雪の消えた若丸山頂からの眺めは素晴らしく、未踏の国境稜線の先に聳える冠山の姿は、いつか必ずという思いを心にたぎらせるに十分な美しさだった。

行きには退屈知らずだった国道歩きも帰りは苦痛でしかない。やや緩んだ雪にスノーシューを履いた。傾きかけた太陽の光は谷間にはもう差し込んでこない。

自分の車だけが残されたトンネルに着くと少し身震いした。

長かった越美国境への道程がやっと終わった。

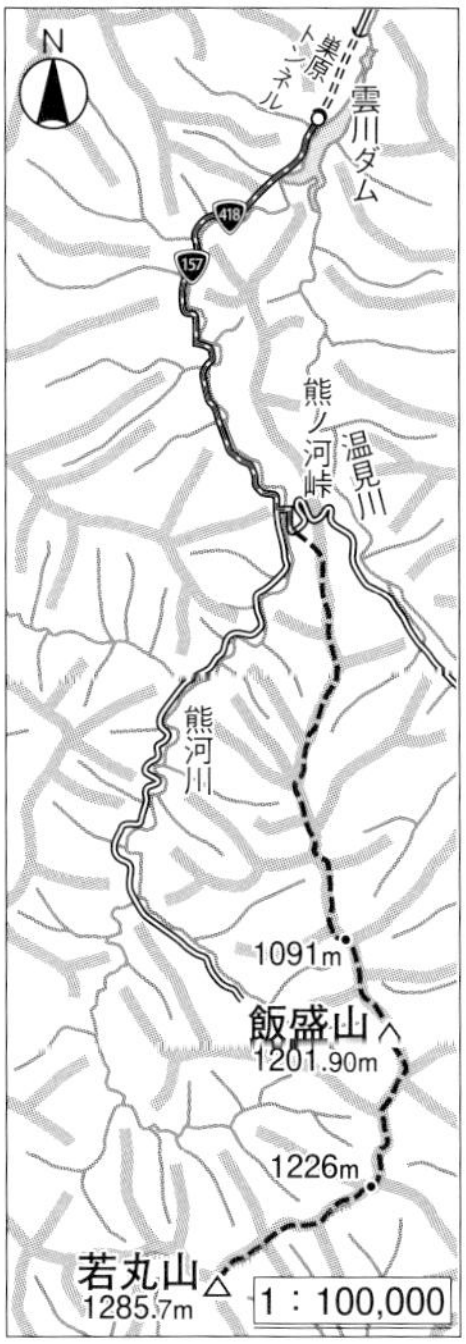

●コースメモ
福井県側の国道一五七号が除雪されるタイミングは年によって開きがある。この山行を実施した二〇一一年では四月の初めで中島の先の巣原トンネルまで除雪されていた。但し、原則的には除雪してあっても真名川ダムから先は冬期通行止めとなっている。

巣原トンネルからの往復だと二〇キロを超える距離を歩かねばならないので、雪が締まっていなければ厳しい行程となるだろう。

国道をさらに奥の温見集落跡まで歩いて、杉谷山一二八一・六メートル経由で県境稜線に乗ればさらに充実したものになるが、よほどの健脚でないと若丸山を含めて一日で歩くには無理がある。

熊ノ河峠から尾根に乗れば一本道で迷うところはない。県境稜線上のヤセ尾根部分はヤブの露出が早い。

大野市内に「あっ宝んど」という温浴施設がある。
2.5万分の1地形図／冠山・宝慶寺

窪田晋二の山 ③

越美国境 願教寺山

石徹白最奥に聳える名山

願教寺山は私にとって思い入れの強い山である。石徹白《いとしろ》の山々に登り始めた頃、その登りにくさからなかなか山頂に立つことができなかった。登山道のないこの山に登るためには通常は四月以降の残雪期を選ぶ。登山口に至る林道が開通するのは連休前で、それ以前に入るためには石徹白の中居《ちゅうきょ》神社から延々と歩かねばならない。時期が早いと林道の斜面は残雪で滑り台状態となる。しかも雪の多寡と林道開通のタイミングはあまりリンクしていないので、登ってみたらヤブに摑まったということも珍しくない。

この山稜の台地には「笠羽《かさば》（笠場）湿原」という高層湿原と「つなぎふしのヒノキ」という変わったヒノキがある。湿原を見るためには無雪期に行く必要がある。笠羽谷を遡行して源頭に出れば、そこには天上の楽園が広がる。湿原にしてもヒノキにしても、ヤブ漕ぎを厭わなければ銚子ヶ峰の先のピークから下って行けば到達することは可能だ。福井県側の上小池から刈込池を経て稜線に達するのもいい。こちらは幅ヶ平の素晴らしいブナ林を愛でながら、残雪の森をパズルを解くようにルートを辿ることになる。

P18
無雪期にはほとんど登られることのない、願教寺山山頂の三角点を見た人は少ないであろう
P19 上
初夏の笠羽湿原と三ノ峰。かつてはミズバショウが咲き乱れる楽園だったという
P19 下
笠羽橋からしばらくは平凡な河原歩きが続く

荒々しい５月はじめの願教寺山南面。ここに雪がつくことは少ない

大杉登山口から美濃禅定道を見送り林道を進む。大滝を過ぎると道の荒れが目立ち、林道跡という言葉がふさわしくなる。

笠羽橋を渡り願教寺谷に入る。残雪期であれば石飛びで右岸に渡り、急登で右岸台地に乗るところだが、今日はそのまま谷を進む。

薙刀《なぎなた》山へ向かう支流（地図上では本流のようにも見えるが）を見送る。このあたりは残雪期にはおなじみの渡渉地点である。真っ白な雪原を割って流れるふた筋の谷が合わさるここは、いつも春を感じさせてくれるところだ。

突然茶色い岩盤のナメが現われ、数十メートル続いた。いったん途切れて再びのナメ。いよいよ核心部かと思ったが、それっきりで終わってしまった。続いて黒い岩の五メートルほどの滝。結局これがこの谷最大の大滝だった。ここで実質的に沢は終わり。あとは何の面白味もない源頭を詰めるのみである。

辛うじて谷の形を残すいちばん低いところを選んで進む。すぐ上に稜線らしきところが見えているのだが、ここからが奥美濃のヤブ山の本領発揮だった。もはや足は地面を踏むことはなく、踏みつけたササの上を歩くしかない。腕力、脚力、精神力の三位一体となった登りが続く。

越美国境稜線に着いた。山頂はすぐそこだ。いつも三角形に雪を着けたリッジを見慣れている山頂直下の急登も、今日はただのヤブ尾根である。山頂部に近付くと再びササが背丈を越すようになった。なるべく薄いところを探して広い山頂台地に到着。しかし、どこを見渡してもササの海でザックを降ろす場所もない。そのまま西へ進むとササの海にポッカリと開いた空間があった。二メートル四方が切り開かれた、七度目の登頂にして初めて見る三角点である。いつもは深い雪の下に眠って見ることのできない三角点。感慨もひとしおだ。幸いササの背丈はかろうじて自分の頭より低く、ほぼ三六〇度を見渡すことができた。

ここからヤブを漕いで越美国境稜線へ踏み出す。薄いながらも踏み跡らしきものはある。ササヤブの下りは驚くほど楽である。両手で握ったササをホールドに、足を前へ投げ出すだけ。登りの苦労がうそのようだ。その代わり、傾斜がなくなるか、少しでも登りになれば塗炭の苦しみを味わうことになる。楽なところもあれば、思わず谷へ逃げてしまうところもあり、最後は牛ヶ谷の源流から笠羽湿原に飛び出した。

ここは銚子ヶ峰、三ノ峰、願教寺山に囲まれたヤブの海にぽっかりと開けた山上の楽園だ。六月にはミズバショウが咲く別天地である。

ここから笠羽谷へ下り、地図上の廃林道を行くが、これが失敗だった。歩いたことがあるはずの林道は記憶とまったく違う顔に見えた。道がどう続いているか判然としないのだ。やがて闇が迫って来て、ついにヘッデン歩行となり、限られた視界の中を手探り、足探りで進む。これならほとんど滝のない笠羽谷を下降した方がはるかに安全で早いだろう。試行錯誤を繰り返しながら、やがて朝渡った笠羽橋まで戻って来た。安全地帯に辿り着いて心の底からホッとした。頭上には満天の星空が広がっていた。

●コースメモ

石徹白上在所から白山美濃禅定道の大杉登山口まで車で入る。例年一二月から四月いっぱいまでは積雪のため通行止め。

登山道は銚子ヶ峰から三ノ峰・別山を経て白山に至るが、願教寺山には道はなく、通常は積雪期以外登る人はいない山である。

記載したコースは初級の沢登りとヤブ漕ぎに加えて道の原型をとどめない廃林道歩きを強いられるハードなコースである。よほどの物好き以外にはお勧めできない。

下山は林道よりも沢下りを選択する方が効率がいいだろう。

あと一時間ヤブ漕ぎをプラスして美濃禅定道へ出る手もある。こちらは安全だが長い。

笠羽湿原の東側には「つなぎふしひのき」という変わったヒノキの巨木があり一見の価値がある。

下山後の温泉は、露天風呂からの眺めが良い「満天の湯」か白鳥町内の「美人の湯」がおすすめ。

2.5万分の1地形図／願教寺山

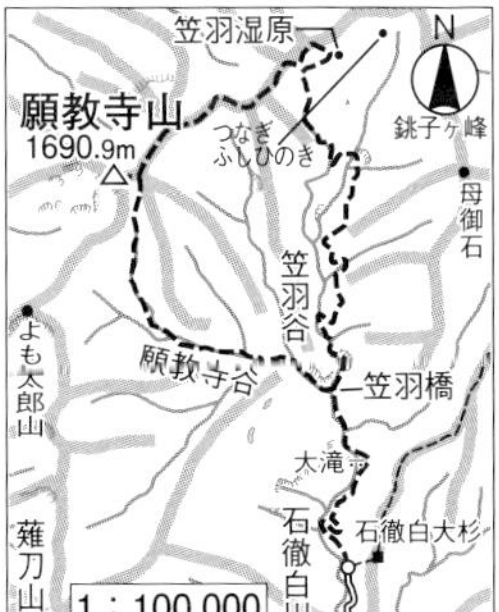

窪田晋二の山 ④

白山山系 ワリ谷から白山

ひと味違う白山への道

白山に登る時、九割以上の人は石川県側から登るだろう。残りの一割が岐阜県側からということになるのだが、こちらからの登山道は大白川ダムからの平瀬道が一本あるだけである。平瀬道は下部はブナ林、上部はダケカンバが美しい落ち着いた登山道だ。石川県側の砂防新道に比べると圧倒的に人が少ないのもいい。登山口の大白川へ至る県道白山公園線は、通常一二月の始めから五月の末までが通行止めとなる。一年の内の半分しか入れないということが、この地の豪雪の凄さを物語っている。

ワリ谷というのは大白川ダムの手前で分岐する大きな支流だ。もちろん道はないが、問題になる滝もないので、無雪期の白山へのバリエーションルートとして面白い。ただ稜線に上がるところが北弥陀ヶ原なので、山頂へのルートとしてはいささか長いのが難点だ。私は積雪期に左俣を、無雪期に右俣と左俣の両方を歩いているが、稜線へ出るだけでも腹一杯になってしまい、一度もこのルートから山頂に立っていない。いずれも充実した山行ではあったが、画竜点睛を欠く結果になったのが心残りである。

P22
その名の通り、神秘的なグリーンの水を湛える翠ヶ池と剣ヶ峰
P23 上
登ってきた谷を見下ろす。遠景に御嶽と乗鞍。手前は三角点「福島（通称がおろピーク）」から三角点「日照岳」の尾根
P23 下
5月のワリ谷は最終堰堤からずっと雪渓が続く。正面の谷が右俣

23　白山山系／ワリ谷から白山

ワリ谷左俣に入ると、頭上に覆いかぶさるように岩の要塞が現れた

白山のお花松原。その名の通り、夏はお花畑として有名なここは紅葉も素晴らしいようだ。昨年も歩いたワリ谷を経由してその紅葉を楽しもうと考えた。

去年は右俣で最後にヤブに捕まって苦労したが、今年は左俣を辿ってみよう。五年前の残雪期に一度歩いているが、その時はすべてが雪の下。源流部はやたら急斜面で、アイゼン・ピッケルをフルに使って這い上がった。その急斜面には滝があることが予想されるが、右俣と同じようなイメージならば大きなものはないだろう。水量も少ない開けた谷なので、昨年同様登山靴で歩くことにした。

しかし沢はやはり渓流シューズの方がいい。渡渉はなんとか石飛びでこなせるものの、水に入れば何でもない場所も通過できず、両岸の濃いヤブに潜ることになってしまう。なかなかペースが上がらないと精神的にも消耗してしまうのだ。

ようやく標高一六〇〇メートルの二俣。昨年の右俣を見送って左俣に進む。右俣同様こちらも基本的にゴロ谷だが、見上げる先には赤茶けた岩の要塞が谷を塞いでいるようで緊張が走った。しかしその要塞のそばまで来てみると、谷の中は小滝ばかり。意外に平凡で拍子抜けしてしまう。それでも茶色っぽい岩肌の岩塔や、ボロボロの岩壁の間を流れ落ちる滝は、高さはないものの殺伐とした風景をつくり出している。

あそこまで登れば稜線直下の草原というところで、ハング気味の滝が行く手を阻んだ。左から登ったら行けそうに思えたが、右の草付きの方が楽だと判断して右を選択。これが正しかったのかどうかはわからないが、なかなかシビアな巻きとなった。体重を掛けられない草や灌木をまとめて根元から抑え込むようにしてジリジリと体を持ち上げる。一見楽そうに思えたフレーク状の岩場は外傾気味で気が抜けない。落ちるわけにはいかないので一歩一歩を慎重に進める。

やがて傾斜が緩んで草原の一角に出た。やれやれである。

最後はヤブ漕ぎなしで中宮道に飛び出したがかなりフラフラになってしまい、暗澹たる気持ちになった。まだ今日の行程の半分も来ていないのである。

しかしここからは普通の登山道だ。何と言っても足を交互に出していれば前に進むというのがここまでとの大きな違い。精神的にはひと山越えた感がある。天気は最高で、北アルプスは劔岳から槍・穂高、乗鞍まで全開の展望だ。御嶽は控え目に噴煙を上げている。しかしこれから向かう白山本峰の御前峰と剣ヶ峰は絶望的に高い位置に見えた。

期待の紅葉はやはり先週が最高潮だったのだろうか。それでも十分に美しいし、やや低い位置にある小白水谷《こじらみ》対岸の東面台地の紅葉は今が盛りのようだった。

大汝山《おおなんじ》への途中から翠《みどり》ヶ池へダイレクトにトラバースして三年振りに池の畔に立った。剣ヶ峰を仰ぎ見るここは最高のランチ場だ。もう御前峰に立つことに大した意味は感じない。いい時間になってしまったが、誰が来ることもない静かな池の畔で贅沢な時間を過ごすとしよう。

●コースメモ

「白山ブナの森キャンプ場」入口がスタート地点。キャンプ場を抜けてワリ谷の最終堰堤まではしっかりした道があるが、その先は沢歩きとなる。水量が少ないので登山靴で歩けないこともないが、渓流シューズを履いたほうがストレスが少ない。

二俣から上はどちらを取っても滝が現われるが問題にはならないだろう。右俣は源流のコース取り次第で激ヤブに捕まってしまう。左俣はヤブもなく、北弥陀ヶ原の草原に出ることができる。

白山北縦走路に出ればあとは登山道で気が楽だが先は長い。

積雪期は県道が通行止めなので、平瀬のゲートから自転車で入るしかない。五月中なら堰堤から上は一面の雪渓を坦々と歩くことになる。ただし滝場のあたりはかなり急なので注意が必要。

下山後は道の駅飛騨白山の横にある「しらみずの湯」が良い。

2.5万分の1地形図／白山・新岩間温泉

窪田晋二の山⑤

飛騨 有家ヶ原から 三ヶ辻山

どこまでも続く広大な雪尾根を楽しむ

有家ヶ原《うけがはら》と言ってもピンとくる人はほとんどいないだろう。白川郷の北側、庄川沿いの谷間に張り付くように佇む小さな集落の名前である。

その少し北にある芦倉集落と同様に、国道一五六号から庄川に架かる橋を渡って辿り着く隠れ里のような集落の佇まいは、外界から隔絶されたような印象を受ける。その東にある一二六三・二メートルの三角点名が有家ヶ原。ここから三ヶ辻《みつがつじ》山を目指す人は稀だ。三ヶ辻山は雪形の伝承で有名な人形山の隣にあって、人形山より高い標高を持ちながらも有名度で劣るため、なにか添え物のような扱いを受けている感がある。南の方から見るこの山は、特徴のない平べったい山並みの中にあってシャープな三角錐が目を引きつける。

有家ヶ原の最大の魅力は豊かなブナ林にある。三角点までは鉄塔巡視路があり無雪期でも歩くことができるので、ゴールデンウィーク頃の残雪期でも容易にアプローチできるのが利点である。その頃なら咲き始めた春の花たちを愛でながら巨樹の森を彷徨うのも一興だろう。

P26
有家ヶ原への鉄塔巡視路では多くのブナの巨木と出合う
P27 上
広大な雪原に並ぶブナ林越しに見る笈ヶ岳と大笠山
P28 下
三角点「有家ヶ原」の前後はどこまでもブナ林が続く

27　飛騨／有家ヶ原から三ヶ辻山

三ヶ辻山頂から望む人形山とカラモン峰（左側）。北側の林道が開通するまでは静かなものだ

下山予定地の芦倉に自転車をデポした後、有家ヶ原のひっそりと静まり返ったわずか数軒の集落を通り抜けて林道で高度を上げる。巡視路の入口にはお馴染みの黄色い標識と「反射板登り口」の看板があってわかりやすい。一一八四メートル標高点へ続くこの尾根には送電線が走っており、巡視路を利用できることはわかっていた。標高一二〇〇メートルあたりまで登れば雪がつながる期待が持てる。ヤセ尾根だと雪の消えるのが早いが、幅の広いこの尾根は遅くまで雪が残っている可能性が高い。巡視路は急坂の連続だが、ブナの巨木がポツポツと現われ、林床にはイワウチワが今を盛りと咲き乱れていた。よく踏まれたいい道である。

二つ目の鉄塔まで上がって振り返ると、庄川対岸に奥三方岳・白山本峰から笈ヶ岳《おいづるがたけ》・奈良岳までズラリと並んでいるのが見える。ひとしきり高度を上げると期待通り、一一八四メートル標高点から先は完全に雪がつながっていた。ここまでもなかなかのブナ林だと思っていたのだが、三角点有家ヶ原の手前あたりから筆舌に尽くし難いような見事なブナ林が続いていた。これまで数多くのブナ林を見てきたが、このブナ林は次元が違った。どんな賛辞も陳腐に聞こえてしまいそうな豊穣の森。そんな素晴らしいブナ林が県境稜線手前まで延々と続くのである。

県境稜線に飛び出すと、それまで閉ざされていた東側の展望が一気に開け、金剛堂山《こんごうどうやま》からまったく特徴のない水無山《みずなしやま》あたりの山塊、猿ヶ馬場山《さるがばんばやま》へと続く山並みが一八〇度のパノラマとなって展開した。

三ヶ辻山頂直下の急斜面に雪がないのが気になった。取り付きまで進んでみると、遠目に見た通りヤブが露出していた。激ヤブというほどでもないので突っ込

●コースメモ

東海北陸自動車道の白川郷インターで降りて、国道一五八号をしばらく走ると右に分岐する道があるが、見逃しやすいので注意が必要だ。

送電鉄塔の巡視路があるので有家ヶ原までは無雪期でも歩行可能。三ヶ辻山への周回は積雪期限定だが、かなり長いコースでエスケープルートもないので、前進するかどうか見極めが必要である。秋に有家ヶ原のブナ林の黄葉を目当てに散策するのもいいだろう。

ゴールデンウイーク頃だと三ヶ辻山直下は雪割れが進んで危険な場合もある。

周回のため、筆者は下山地の芦倉集落に自転車をデポしたが、歩いても四〇分程度だ。

芦倉集落から芦倉山への途中までは巡視路と杣道があるが、そこから上はヤブである。

近い温泉は「白川郷温泉」だが連休などはかなり混雑する。

2.5万分の1地形図／鳩谷・上梨

んでもいいのだが、少しでも楽をしようとピッケル・アイゼンに換装して左手斜面にブロック状に残る雪をつないで高度を上げる。ブロックが途切れたところでヤブに戻るとぽっかり地肌が露出しているところがあり、可憐なカタクリの群落がご苦労さまというように慰めてくれた。ここからは浅いヤブをひと登りすれば人形山からの登山道と合流。ほどなく完全に地肌が露出している三ヶ辻山の山頂だ。恋焦がれたルートからの登頂を果たした喜びが胸にあふれた。

芦倉山へ延びる西尾根は広い雪斜面で始まる。雪を蹴散らして快適に駈け下ると一五二一メートルあたりで尾根幅が細くなり尾根芯はヤブとなった。南側の雪堤を利用して進む。ヤセ尾根区間が終わると尾根は広がりを見せ、再びブナが目立ち始めた。このブナ林は一三四六メートルピークの先まで続いた。

一一六七メートルのコルから少しヤブっぽくなって平凡な芦倉山の山頂に立つ。そこから先は道らしきものがあるが、快適とは言えない。足元には踏み跡はあるものの、なまじ起き上がりかけのヤブが道を塞いで時間を食うのである。

高度を下げるに従い植林が現われほっとする。送電鉄塔からはさらにしっかりした道に変わって快調に下り、わずか二軒の芦倉集落に下り立った。

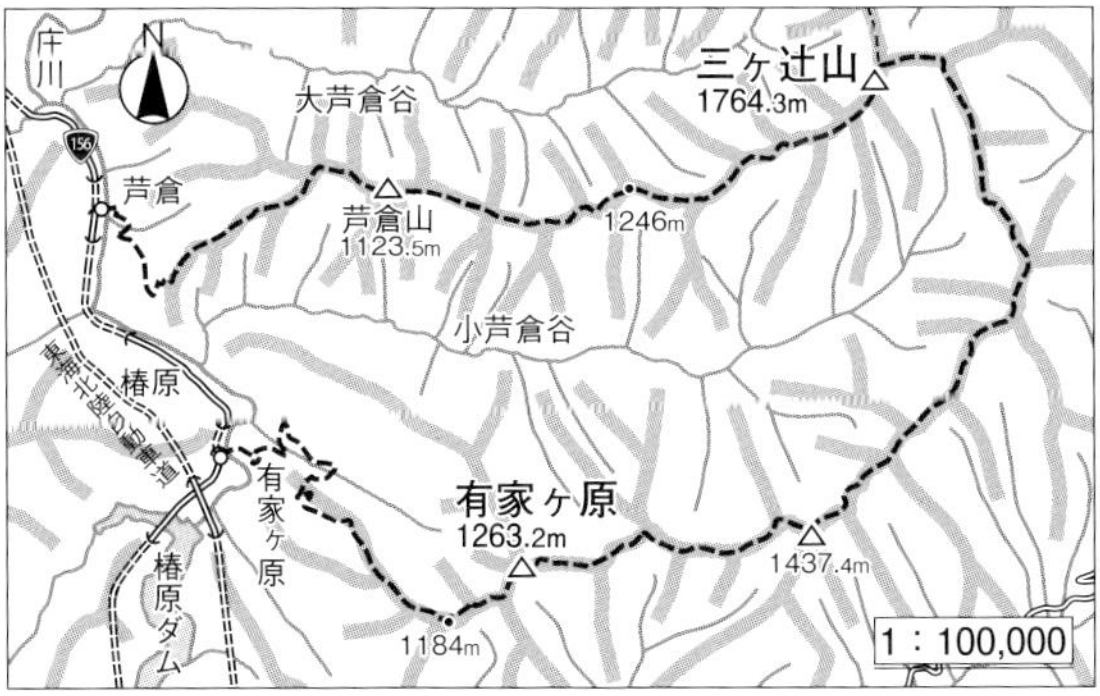

窪田晋二の山 ⑥

野坂山地
庄部谷山

原生の森が残る驚異の低山

若狭や湖西の名もない低山に興味を持ち出したのは、草川啓三氏の著書がきっかけだ。大して期待もせずに出かけた芦谷岳で横谷川の美しい渓谷とハードな巡視路を知り、その翌年に甲森谷から庄部谷山に登った。その谷で出会った風景は衝撃的だった。高低差のほとんどない流れの横に広がる台地に巨大なカツラの木が次々と現れた。標高四〇〇メートルほどの場所にこれほど素晴らしい森が隠されているとは想像もつかなかった。尾根に上がると今度は延々と続くブナ林が出迎えてくれる。庄《しょう》部《ぶ》谷《だに》山《やま》・芦谷岳・大《おお》御《み》影《かげ》山《やま》という福井県美浜町の耳川源流域の山と谷は、海からさほど離れていないことを忘れてしまうような奥深いブナ、トチ、カツラの森に抱かれている。

　里にほど近いこんな低山にこのような森が残っているのは奇跡のように思える。庄部谷山のブナ林にピンチが訪れたことがあった。大規模な風力発電施設、つまり風車がブナ林を伐採して建設されるという計画が持ち上がったのだ。幸いなことに、その計画は立ち消えになったようである。この奇跡の森がいつまでもこのまま残ることを願うばかりである。

P30
804m ピーク西尾根のブナ並木。北斜面には特大のブナがある
P31 上
庄部谷山の南西尾根には見事なブナの巨木が点在している
P31 下右
尾根を登り切ると突然小さな流れと出合う。不思議な感覚を覚える場所だ
P31 下左
流れと出合うところから戻るように登った岩頭からは、雲谷山と若狭の海が一望だ

庄部谷山源頭には美しいブナ林が広がる。無雪期には遡行しても楽しい沢だ

どんぐり倶楽部の手前から林道に入る。堰堤を右から越えて少し進んだところで折り返すように右斜面に取り付き、送電線の走る三五一メートル標高点の尾根に乗った。伐採されて見るべきものもない尾根だが、その分下方には展望が開けている。伸びやかに開けた耳川流域の村々と若狭の海。背後には雲谷山が堂々と根を張っている。その中で異彩を放つのが関電の嶺南変電所である。そこだけが異次元の空間のように、広大な鳥かごが新庄の耳川左岸台地を占領している。

次の鉄塔からやっと雑木林に変わった。雰囲気は悪くない。曇っていた空にもようやく日が差し始めた。送電線は右へそれて行く。

右から水音が聞こえたような気がした。見ると尾根のすぐ下一〇メートルばかりのところに沢が上がって来ている。対岸斜面から小滝となって流れる水は、尾根の下では緩やかな流れとなって水面を光らせていた。小栗でもそうだったが、尾根をかなり上がったところで出合う水の流れというのは、特別な感じがするものだ。それが予期せぬものであるだけに心が癒される。

尾根の木々にブナが混じり始めた。頭上にはのしかかるように大岩が聳えている。どうやって通過するのかと思っていると、うまい具合に左から緩やかに巻いて行くことができた。巻き終わったところで見た光景は、想像を超えていた。なんと、さっきの流れの上流が尾根に上がってきていた。尾根と流れとの高低差はほとんどゼロに等しい。そこから広々とした疎林の台地の中を蛇行する流れは、地形図からはまったく想像できない造形の妙である。

広大な斜面を横切るように登って、庄部谷山南西尾根に到達した。黒谷側は植林が入っているが、尾根芯から西側はブナ林が残っている。それもかなりの太さの巨木といっていいサイズの木々が点々と続いた。ここからはゆったりとした尾根が雪原となって山頂近くまで続く。

庄部谷山頂上は平凡だが落ち着きのある山頂だ。食事をするなら北側斜面の庄部谷源頭がいい。ブナの疎林に包まれて癒しのひと時を味わえるだろう。

下山は八〇四メートルピークまで戻って真西への尾根を辿る。雪面からはブナが天を衝くように並んでいる。尾根の微妙なカーブとブナの立ち位置が絶妙のバランスを見せている。右斜面にブナの巨樹があった。筋骨隆々としたブナで、幹周りは軽く四メートルを越えているだろう。尾根上はそこそこのブナが立ち並ぶコバとなっていた。

灌木のヤブ、伐採地と過ぎて反射板に達する。ここからは反射板の巡視路だろうが、伐採地の急降下。すっかり緩んだ薄い雪がズルズル滑る。登りの尾根以上に耳川流域のパノラマが広がるが、空はいつの間にか灰色の雲に覆われていた。耳川沿いの県道に下り立った時には空から冷たい雫が落ち始めていた。

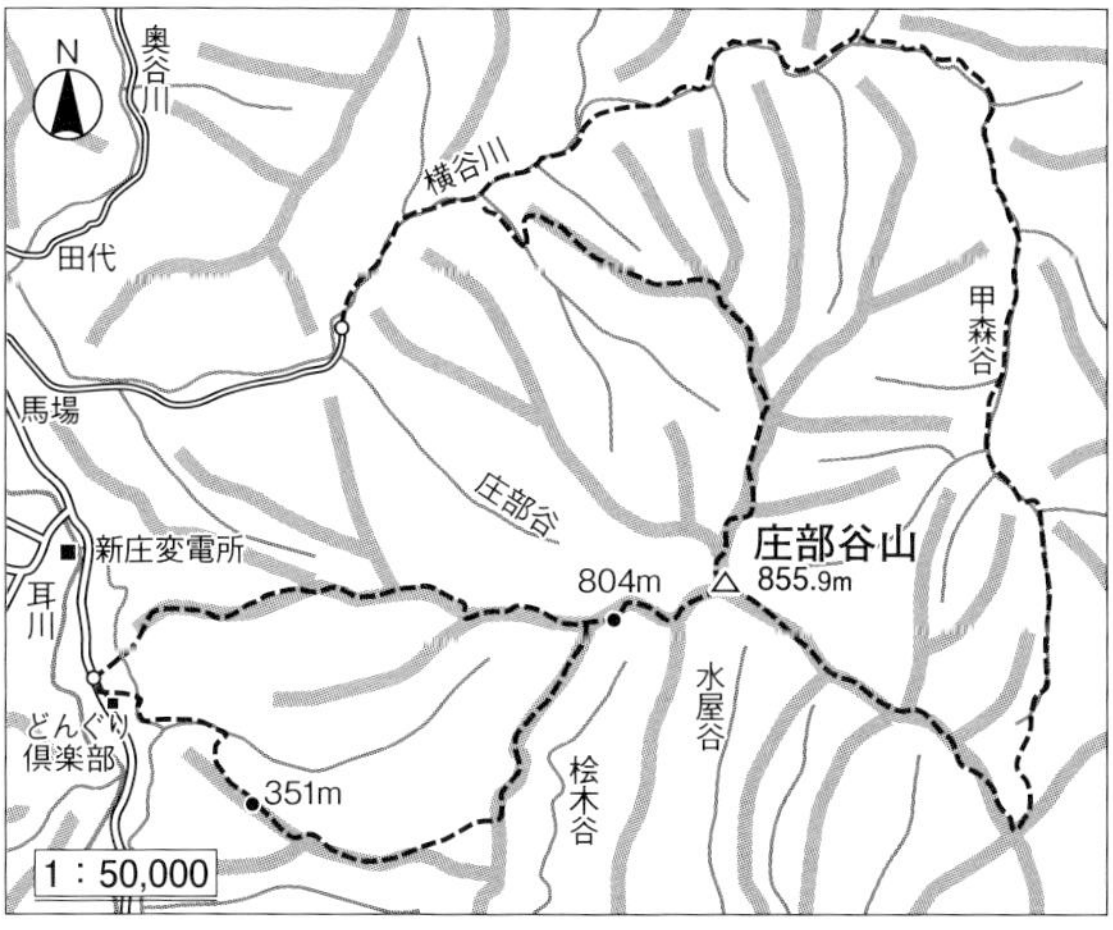

●コースメモ

甲森谷など多くの素晴らしいコース（地図に破線でコースを記入）があるが、ここでは積雪期のコースを紹介する。美浜町新庄の集落の先にある「どんぐり倶楽部」が登山口の目印となる。

車の場合は道端の広いところに邪魔にならないように駐車したい。

このコースは最初と最後が鉄塔巡視路となっているが、それ以外の部分もヤブはほとんどなく、無雪期でも歩くことができる。これは耳川流域の山全体に共通して言えることである。

八〇四メートルピークあたりの尾根筋が杉林となっている以外は、ほぼブナ林か雑木林が続く。

下山時はこの八〇四メートルピークから右に折れるのだが、尾根の形が無く、ただの急斜面に見えるので注意が必要。

温泉は、JR三方駅の近くに「きららの湯」がある。

2.5万分の1地形図／三方・駄口

窪田晋二の山 ⑦

江若国境 小栗から百里ヶ岳

鯖街道の横に佇む静かな山

小栗は標高わずか七二三メートルの三角点名である。最近ではずいぶん立派な道標ができて、「小栗山」と表記されているが、以前はテープもないような山だった。東大寺のお水取りで有名な鵜瀬《うのせ》からさらに遠敷《おにゅう》川を遡ると下根来《ねごり》、上根来の集落を経て、根来坂峠を越えれば滋賀県だ。この道がいくつかある鯖街道のメインルートのひとつである。

この山を知ったのは増永迪男氏の著書だった。地図とも言えない概念図を見ながら文章を目で追い、ルートを想像しながら地形図を指で辿る。こういう作業は楽しい。詳細な地図を見て、手取り足取り教えてくれるようなガイドを読むのではこんな楽しみは得られないのではないだろうか。

この山はいくつかのルートから登っているが、お気に入りのコースというのは決まってしまうものだ。標高は低いが、登山口もまた低いところにあるので意外に標高差があるのも海に近い山の特徴だろう。低山ではあるが、夏でもブナの木陰は涼しく、春の新緑、秋の紅葉、冬の雪景色と、一年を通じて手軽に楽しめる貴重な山である。

P34
シンボルのブナの巨木が朽ち果ててしまった根来坂峠。いつかはこうなると分かっていても寂しいものだ
P35 上
小栗から桜谷山へ続く尾根はブナが途切れることがない
P35 下
小栗山頂手前にある水たまりのような小さな池。晴天が続けば枯れてしまうだろう

下根来からの尾根にある、まるで怪獣のような、大岩と合体したケヤキの奇木

遠敷川沿いにひっそりと佇む下根来《ねごり》の集落が登山口。八幡神社の鳥居の横に車を止めて歩き出した。神社の本殿の裏から登り出してすぐのところに「小栗山登山道」と書いた標識ができていて驚いた。しかし登山道として整備されているわけではなく、以前からの踏み跡が少し濃くなった程度なのが好ましい。途中に鬼ヶ城のような、岩が折り重なって行く手を塞ぐ場所があるが、そこにもテープが付けられてわかりやすくなっていた。

右から神《かみ》ノ谷の源流の水音が近付いてくるとお気に入りの休憩場所。尾根から眼下の谷へ急降下してプレハブ小屋ぐらいある大岩と、その木にへばりつくように伸びるトチの大木と対面した。上流へ少し登れば一見谷はそこで終わっているように見える。正面に炭焼窯跡があり、左にはケヤキの巨木が二本。谷は実際には九〇度右折して五メートルほどの滝を落としている。この滝の前で休憩するのが常になっている。滝を巻いて上流へ出るとゆったり広がった谷が尾根へ導いてくれる。この谷をそのまま詰め上がってもいいいし、左岸の尾根に取り付いても良し。自由自在に歩けるのだが、右岸の小尾根に乗って上を目指す。この尾根の上には小さな池がある。池と呼ぶのもおこがましい、水溜りに毛が生えたようなものだが、周りの樹林の美しさがその佇まいを引き立たせてくれて、先ほどの窯跡と並ぶ癒しの桃源郷なのである。

小栗の山頂は広々とした疎林の台地だ。ここから南へ伸びる、桜谷山への尾根がこの山域の白眉といえる。見事なブナの純林が続く尾根は、桜谷山に近付くに従って木の太さが目立ちはじめる。

いったん木地山峠へ下って百里ヶ岳へゆるゆると登って行く。山頂手前にもいいブナ林がある。百里ヶ岳山頂は無理やり切り開いて展望を良くしたような不自然さと、大き過ぎる山頂の看板のせいか、どうも落ち着かない。

再び見事なブナ林を急降下、根来坂峠に立って驚いた。峠の代名詞のようなブナの巨樹が枯れて、半分ぐらいのところから上がなくなっていたのだ。かつては鯖街道として交通の要衝だったこの峠。何百年も前から行き交う旅人を優しく見下ろし、暑い夏には木陰を提供していたブナも土に還って行く。このブナがあってこその峠の佇まいだったが、まるで違う場所のような景色にとまどってしまった。

突然下界に放り出されたように完全舗装の林道が現われた。現代の鯖街道は車で快適に走り抜けられるのだ。おにゅう峠から西への尾根は登山道ではないが、ヤブもほとんどなくブナ林の中を歩く快適なルートである。八二〇メートルピークから北に伸びる尾根の雰囲気の良さに後髪引かれながら、次の七五一メートルピークへ。

思案の末、ここから中ノ畑へ延びる尾根を下りることにした。部分的にこの山域おなじみのエゾユズリハのヤブがあるものの、総じて下生えのない気持ちのいい尾根が続いていた。中ノ畑へ下りれば長い車道歩きが待っている。

●コースメモ

本項では小栗から百里ヶ岳を経てさらに県境稜線を西進するコースを紹介したが、あえて百里ヶ岳の山頂にこだわらなければ、木地山峠から上根来へ下山するコース、桜谷山から小栗へ戻って神ノ谷の左岸尾根を下りるコースが良い。ただ前者は上根来から長い車道歩きを強いられる。

小栗への登りでは本文に記載した以外にも巨大な岩を抱き込んだ怪獣のような姿のケヤキの巨木もあったりして見どころが多い。炭焼窯跡から小栗山頂までの樹林も雰囲気が素晴らしいので、後者のコースを選んでも十分満足できるだろう。

小栗山頂から木地山峠付近には近年、かなり立派な道標ができている。

小浜市内まで出れば、温泉ではないが「濱の湯」という入浴施設がある。

2.5万分の1地形図／遠敷・古屋

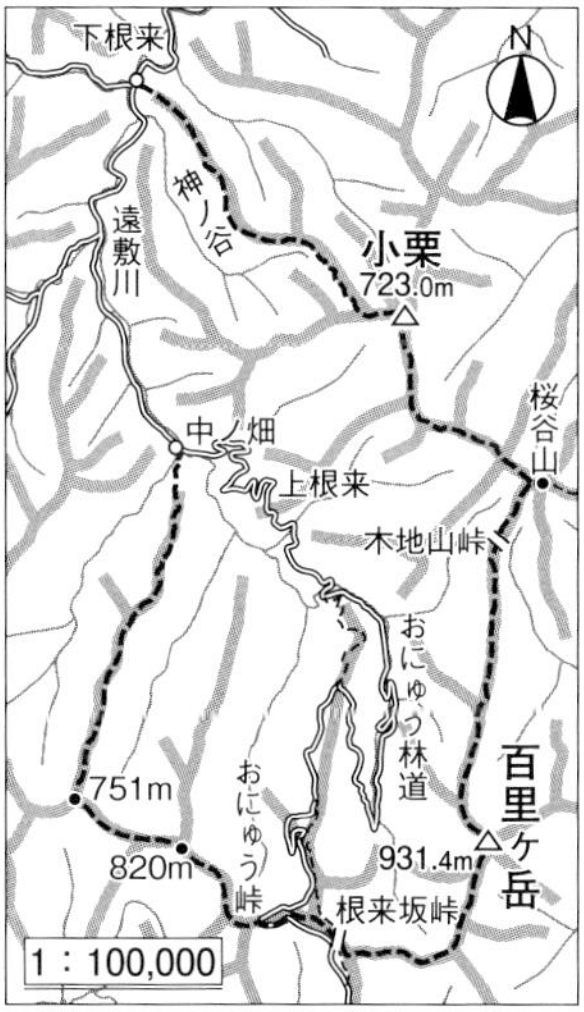

地図を歩く愉しみ

檀上俊雄の山

Danjyo Toshio

右上から
北アルプス／乗鞍岳千町尾根からの笠、槍穂高
野坂山地／東尾根からの野坂岳
中国山地／氷ノ山三ノ丸
湖北／安蔵山奥のブナ林新緑

左上
京都北山／雲取山をタカセから望む
左下
湖北／全山紅葉の中央分水嶺津谷

中央分水嶺がつなぐ山・自然・旅を楽しむ

檀上俊雄

一九五一年尾道市生まれ。

立命館大学地理学科へ入学と同時にＲＵＷＶへ入会。地理巡検の代わりにワンダーフォーゲルの山野跋渉一筋で、京都北山から日本アルプスへの山歩きばかりか、丹後半島や対馬などの辺境の地を好んで歩く。

二夏の大山ボッカアルバイトも貴重な体験で、大山寺山崎旅館に居候して頂上小屋までの夏道登山道を、自らの体重と同じだけの荷物を担ぐことを目標に頑張り、帰路は現在入山禁止となっている縦走路や、キリン尾根を含むすべての登山道を走り下ったことで山の世界が大きく広がった。

ワンゲル仲間の応援も得てまとめた卒論『白山の雪が作るカール状地形』が評価されて、地理学科ワンゲル専攻は無事卒業でき、地図出版社で山と高原地図編集の仕事をする道も開けた。そうそうたる関西岳人の取材執筆の方々とのおつきあいは刺激的で、厳しくも楽しいものであった。

地図ばかりか旅行ガイドブック、情報誌、実用書と仕事の範囲が広がり編集者冥利に尽きるものがあったが、山と高原地図のない山や、ガイドブックに紹介されない辺境への思いはふくらむ一方で、元気な盛りの五一歳にしてフリーに。日本列島をつまみ食いするようなやり方ではおもしろくなく、各地にベースキャンプを作って、季節を変えながらつないで歩くことにしようと、心に決めた。

比良山麓に二七歳から好んで住んだことから、まずは琵琶湖周辺の山から歩き始めた。そんな山歩きから生まれた、季刊誌『湖国と文化』の「水源の森を訪ねて」という三三回の連載は印象深い。さらに原点の京都北山も楽しくおさらいするうちに湖西・湖北とつながり、二〇〇キロ近い夢の中央分水嶺トレイルが形となってきた。

日本列島の中央分水嶺は四五〇〇キロに及ぶといわれ、憧れの山や辺境の山野の多くとつながっていると思うと、夢があっていい。北は大雪山、南は黒潮と、対馬海流を分ける屋久島、東は尾瀬、西は国境の島対馬まで可能なかぎり歩を進め、亜寒帯から亜熱帯に至る二〇〇〇万年の歴史を誇る、多彩な日本列島の山・自然・旅の醍醐味が堪能できれば、どんなに素晴らしいことだろう。春夏秋冬の湖北・湖西・京都北山に親しみながら、想いはすでに地図を歩き始めている。

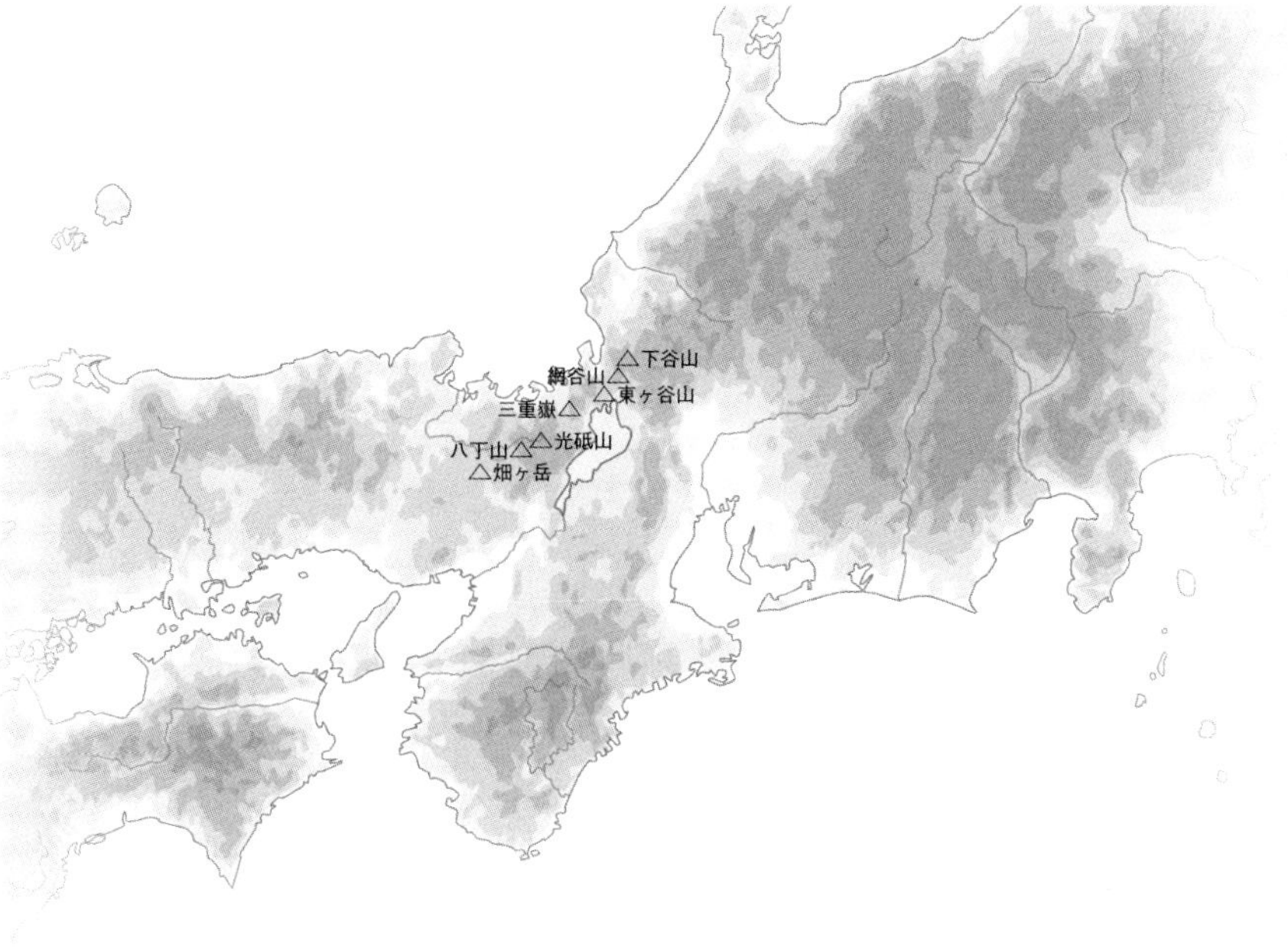
下谷山
網谷山
東ヶ谷山
三重嶽
八丁山
光砥山
畑ヶ岳

檀上俊雄の山 ①

京都北山 畑ヶ岳

中央分水嶺と分水界を歩く

胡麻《ごま》の水分れ路は平坦な高原にのびている。水はここを境にそれぞれ日本海側、太平洋側に流れる中央分水嶺ならぬ中央分水界だ。この地形は三〇万年ほど前の六甲変動でできたといわれていて、地殻変動で由良川流域であったものが淀川水系桂川の流域となり、川の跡が分水界になったという。低山の続く丹波高原であるが、自然の歴史はダイナミックで興味深い。

標識の立つ水分れ路に立てば、分水界の広い高原の先にそびえる五八七・九メートルの畑《はた》ヶ岳の分水嶺が高さ以上に立派に見えて、自然の造る芸術的な地形は何度訪れても興味深い。送電線がこの山を越えいくつもの鉄塔が山上に立っていて、麓から山上へ巡視路がのびているうえに、麓の東胡麻、畑郷《はたごう》、田原といった山に生きた村からの峠道や山道が残っていることで、いろんな登り方、歩き方ができる。

山頂からの展望は樹林で望めないものの、これらの鉄塔周辺から眼下に胡麻の高原、その先に多紀アルプス三嶽《みたけ》を望み、北峰に足をのばせば木立越しに南に愛宕地蔵山、東から北に北山から比良の山並を望むことができるのは、京都北山最西端の山にふさわしい。

P42
樹林の山頂に代わって、すぐ下の赤白の送電線鉄塔からは胡麻分水界とその周囲の山並を見せてくれる
P43上
水分れの路からの分水界の高原ごしに見る畑ヶ岳はおくゆかしい。中央の峰が山頂で左に中央分水嶺をのばしている
P43下
胡麻の分水界にはため池が多いのはおもしろい。畑ヶ岳登山口大保池もそのひとつだが、山を映してなかなかの味わい

私は気に入った山は繰り返し登ることにしていて、春夏秋冬季節を変え、登るルートも変える。その山のすべてを知りたいからだ。山頂部ばかりか、営々と続く暮らしが感じられる麓の山村もあわせて山と考えると、登山の楽しみは限りなく広がってゆく。

山はまた地形の宝庫であり、地理の教科書に出てくるような模式的な地形のオンパレード。地形には浸食されてできたものと、浸食された土砂が堆積してできた地形に分けられるが、前者は山頂部、後者は山麓部に多い。といいながら日本列島ができて二〇〇〇万年、現在の山は海底でできた堆積岩、地下でできた花崗岩、地上で噴火した火山岩であることが多い。地殻変動、気候変動が繰り返し起こっていることから、地質学者藤田和夫をして日本を砂山列島といわしめたようにひび割れて脆く、できた山のカタチは一様ではなく、麓も変化に富んでいて実に個性的だ。

こうした山は地形図を眺めるのも楽しい。広がる風景と見比べながら、現地で地形の造られてゆくプロセスに想いをめぐらせるのはおもしろい。地形図を見て山をイメージし、登って実際の山の印象と比べあわせ、家に帰って地形図を見ながら今日登った山の余韻にひたるというのは、登山の楽しい作業だ。

さあ今回は胡麻分水界と北山最西端の山、畑ヶ岳をどう歩き、どう登ろうか。巡視路はもの足りないので、東胡麻の山裾にある大保《おおぼ》池から山頂へダイレクトに続く尾根の山道をたどってみよう。山頂に立った後は分水嶺を通りぬけて愛宕神社へ下り、そこから水分れ路をのんびり歩くことにしよう。

畑ヶ岳の奥には北峰があって時間がある時は足をのばすことにしている。登った山を隣の峰から眺めるのもいいもので、北山分水嶺歩きの第一歩という気分がして心地よい

●コースメモ

山陰線胡麻駅を起点にしてちょうどいい日帰り山行が楽しむことができる。線路沿いに東胡麻まで行き、谷沿いの林道を進んで登山口大保池

まで一時間だ。ここから畑ヶ岳山頂へ一時間三〇分、愛宕神社への分水嶺歩き三時間、水分れ路を歩いてそのまま胡麻駅まで一時間で、所要時間六時間三〇分（休憩時間含む）。畑ヶ岳だけであれば分水嶺ピーク四六八メートルから南に倒木の多い尾根の細道を下れば山頂から約二時間で登山口大保池へ戻ることができる。マイカーであれば京都から国道一六二号を周山まで進み府道で日吉へ出て胡麻へ向かうが、帰りのことを考えれば胡麻駅周辺のパーキングがいい。手前の明治国際医療大学前にはコンビニもある。

　この山域には標識類はなく、地形図を見ながら歩く必要がある。いろんな細道があるが終始尾根を歩くコースであり、下り始めたら立ち止まって現在地確認を。また倒木で細道を見失っても尾根を外さないよう気をつけたい。

　胡麻駅には多くの桜が植えられていて、のどかな分水界の高原によく似合う。

2.5万分の1地形図／胡麻、四ッ谷

ダイレクト尾根は池の奥側林道三差路から境界杭を目印に取り付き、登るほどに山道は立派な道形となるが、あまり使われていないようで倒木が多い。下の二つ並んだ鉄塔へ出るとここからは巡視路となる。ヘリの荷下ろし場なのか切り開かれた台地へ出ると山頂まではコナラの美しい森となり、赤白の鉄塔脇を過ぎると二等三角点のある樹林の山頂に着く。

　展望が開ける赤白鉄塔でゆっくりした後は、先の台地まで戻り西斜面の細道を下る。鞍部は東胡麻と畑郷を結ぶ古い峠で、登り返すと鉄塔へ出て尾根伝いにピーク四六八メートルへ。細道は続き西に向かうとピーク四六九メートルで、ここから南寄りに向きを変えるとピーク三七七メートル。同じような風景が続く二次林の細道歩きであり、地形図での現在地確認は怠れない。ここまで来ると愛宕神社裏の林道までひと頑張りだ。

　神社参道入口のある畑郷への車道交差点脇に水分れ路標識があり、気分を変えて分水界の車道を歩くことにしよう。掘割となった山陰線の上を通りすぎると次の交差点に再び標識が現れ、分水界はこの先から再び分水嶺となって南側裏山へのびて京丹波の高原を経て多紀アルプス三嶽へ至る。

畑ヶ岳山頂へと向かう尾根

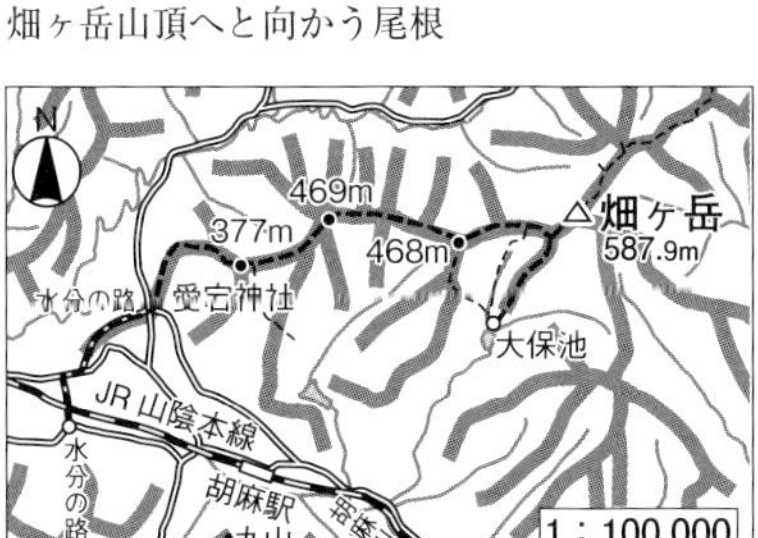

檀上俊雄の山 ②

京都北山

八丁山

中央分水嶺の静かな山へ

白壁に銀座の絵が描かれていた土蔵が健在だった頃を知るものにとって、廃村八丁は今でも特別な場所といえるだろう。ここから佐々里へ流れ出る八丁川は、鬱蒼とした森の渓流であり歩きがいがある。山を歩き始めた頃、この川が佐々里川と合流する北側の峰に奥八丁山の表記があるのを地形図で見つけて、下流にあって奥とはどうしてだろうと不思議に思ったものだ。

その後に『京都・美山町知井《ちい》村史』などが出版され、知井と上弓削《かみゆげ》の八丁山をめぐる長い争論の歴史があり、そうしたなかで木を運び出すのは山国や広河原へという複雑な構図を知ることができ、さらに江戸時代半ばになると、八丁に上弓削と広河原の人が住みついたという記述から、奥の意味を理解することができた。

胡麻分水界・畑ケ岳から中央分水嶺は東へ延び、深見峠を経て廃村八丁南縁に達する。八丁大道、コシキ峠、ソトバ峠と、往時を彷彿とさせる地名が現れ、ピーク八九二メートルの八丁山から中央分水嶺は北に向きを変えダンノ峠、佐々里峠と続いてゆく。

P46
オリ谷右岸には鍋谷山がある。左岸の八丁山と合わせ個性派ぞろいで何とも贅沢な山域だ
P47 上
シャクナゲ群落が北山には多いような気がする。鍋谷山最高点ピーク 860 メートル西側のものは斜面一面で特にスケールが大きい。
P47 下
鍋谷山からはオリ谷ごしの八丁山が美しい姿を見せる。廃村八丁をめぐる山で品谷山をおさえて最高峰であるのに、三角点がないからか昔から話題にのぼることが少ないのが不思議だ

八丁山山頂は分水嶺からわずか広河原側で何もない樹林の山頂だが、ひとり静かに森の切れ間から峰床山や蓬莱山を眺めるのは至福のひと時

北山分水嶺歩きをするなかで、廃村八丁をめぐる山の最高峰のピーク八九二メートルを八丁山と呼ぶようになった。この山の東側がオリ谷であり、広河原菅原町から谷道を登り詰めると衣懸坂《きぬかけざか》へ出て、小塩《おしお》東谷を下ると八丁からのソトバ峠の道をあわせて山国へつながる。由緒ある古道であり、気持ちよく歩いた記憶があるが、その後に丹波広域基幹林道ができて峠は削られ、オリ谷の道は大水で流されて無残な姿に変わってしまった。

オリ谷は八丁山と鍋谷山の間のいい渓谷であり、何とか歩き方を変えてでもこの谷と付き合い続けたいと思い、左岸側八丁山山頂へ延びる二つの尾根、右岸側鍋谷山北尾根へ足を踏み入れてみると、そのどれもが山に生きた広河原にふさわしい山道や二次林の森が残されていて歩きがいがあった。

特に八丁山山頂へと南北からダイレクトに延びる二つの尾根は、北からの尾根は緩やかに長く、南からのものは急峻で短い尾根、と対照的でどちらも森は深く歩きがいがある。これらを登り下るだけでも一日コースとして成立するくらいで、そびえ立つ八丁山の素晴らしさが堪能できる絶妙の組み合わせといえるだろう。

北山は植林地が多く、自然の山の醍醐味を味わおうと思えばコースメイクに苦労する。日当たりのよくない北面東面は二次林として残されていることが多く、また公社造林地以外は伐り出しやすい中腹まで植林地、尾根は二次林という伝統的な土地利用がされているのが特徴だ。地形図の植生記号に注目し、向かいの山からめざす山の森の様子を観察するなかで、登るべきルートが浮かび上がってくる。そしてそこへ足を運べば、仕事道や境界切り開き跡がけものみちとなって山上へ延びていることが多い。八丁山の登路はこの典型だ。
さらに衣懸坂から鍋谷山への素晴らしい縦走路を無残にも寸断してしまった丹波広域基幹林道を歩いてみると、最初の八〇〇メートル峰は北巻き、次の八一〇メートル峰は南巻きで通っている。縦走路からは見えなかった八丁山から光砥《こうどう》山の北山北部、桟敷ヶ岳から雲取山の南部の大展望が開けることから、この三〇分ほどのロードはよしとして、片波と大布施を分ける三叉路からはこだわって、林道を避け法面の切れ間から山道を探し出し、素晴らしい稜線歩きは確保することができた。見事なシャクナゲ群落の上からは八丁山の雄姿を望むことができ、鍋谷山最高点ピーク八六〇メートルから鍋谷山へ登るというコースは、昔と変わらず味わい深い細道の縦走路が続く。そしてここから林道最高点へ下ってオリ谷右岸尾根に入るということで、なんとか歩くべき道がつながった。

この広河原菅原町のオリ谷からの周遊コースが中央分水嶺と太平洋側をひとまわりするものであり、従来からのダンノ峠から廃村八丁、品谷山、八丁川、ソトバ峠そして八丁山という周遊コースが中央分水嶺と日本海側となり、この両方を楽しめるようになったことで、中央分水嶺八丁山山頂の居心地はとてもいいものになったような気がする。木立越しの北山の山並はやさしい。

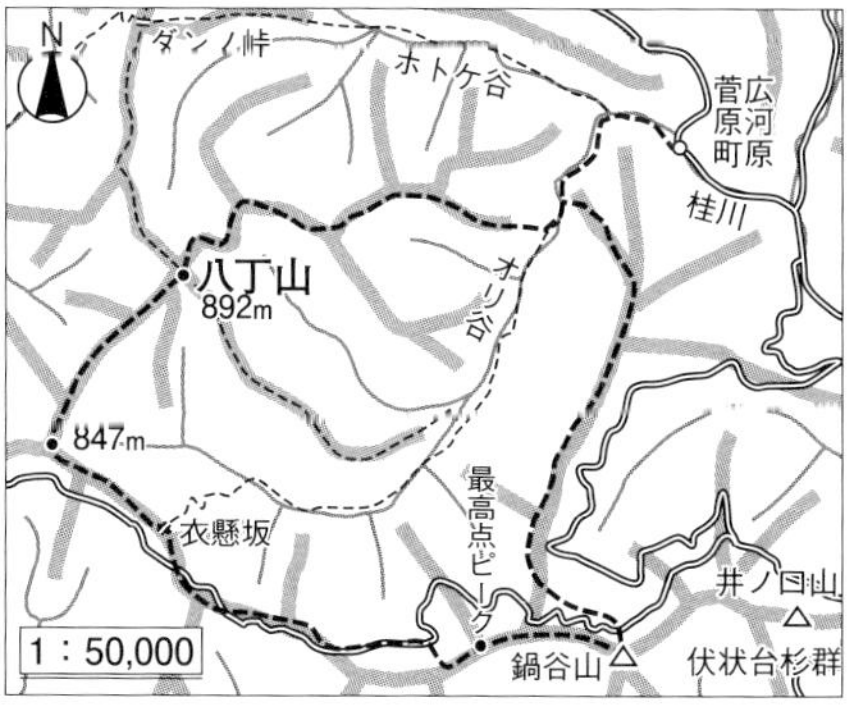

●コースメモ

出町柳駅前から京都バス広河原行が利用できる。菅原バス停で降りて集落を抜け、ダンノ峠へのホトケ谷道を見送ってオリ谷林道を進む。カーブをまわるとその先に砂防堰堤があって、ここから尾根に取り付く。鍋谷山からの帰路は夕方のバス時間に余裕をもって下り、尾根末端の植林地から、村から見えないカーブの上流側の林道へ降り立ちたい。

マイカー利用であれば、林道へ引っかけの鎖をはずして入り、山仕事の車と対向できるスペースを探して駐車すること。

八丁山への一般的なルートは、ダンノ峠から中央分水嶺伝いに登る。山頂はわずか広河原側にあり、帰路は衣懸坂からオリ谷へと下り、荒れた河原の歩きやすいところを進めば林道に出合う。ピーク八四七メートルから分水嶺伝いにソトバ峠へ出て、ババ谷を下ると廃村八丁で、四郎五郎峠からダンノ峠へ戻るひとまわりコースも可能だ。

2.5万分の1地形図／中、上弓削

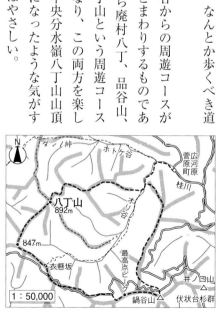

檀上俊雄の山 ③

京都北山
光砥山

中央分水嶺、京都北山のハイライトコース

私の所属した立命館大学ワンダーフォーゲル会の山小舎が、雲取山二ノ谷にあったこともあって、北山を随分克明に歩かせてもらったものだ。下宿へ帰ると壁に貼った小林地図専門店の北山五万分の一全図に赤い線を入れるのが楽しみであった。そして三〇年あまり後に再び北山を歩きなおすことになり、友人や山村都市交流の森の人たちと図って、毎月二回の北山分水嶺歩きというオープン山行を行うに至った。

花脊峠から佐々里峠までの安曇川、鴨川、桂川、由良川の分水嶺が中心としたものであるが、ササが深かった時代では考えられないような歩き方ができるのは驚きであった。そのなかで久多峠（能見《のうみ》峠）からピーク九五一メートルを経てワサ谷左岸尾根を通り、広河原下ノ町へ下る区間は行程が長く奥深いことや昔苦労した思い出があり心配したが、難なく歩き通すことができた時は感慨深いものがあった。

当時の交流の森センターには沖嶌さんという山の達人がいて、聞けば能見出身だという。ピーク九五一メートルは地元では光砥山と書き、「こうどうやま」というと教えられた。

P50
この山を越えて行き来してきた人を想えば、分水嶺の大杉以上に盤取りされた大杉に親しみがわく。さらにそれでも逞しく成長を続ける大杉の生命力はすごいものだ
P51
カヅラ谷源頭の分水嶺に立つ大杉は姿形もよく、昔から山頂に立つ以上に見るのが楽しみであったが、2017年秋の猛烈台風で写真左側の太い枝が折れてしまった。10年ほど前にも別の大きな枝が大雪で折れている。大杉も大変だ

ワサ谷左岸尾根大杉の森からの光砥山。よく森が残されており、この尾根をコースにすることによって長い林道歩きから解放された

コウンド谷の古い山道は光砥山の肩を越え、カヅラ谷や中央分水嶺伝いに天狗峠へ向かう貴重な古道であり、広河原能見町は芦生の森に山仕事の人が住む時代には玄関口のひとつであった。良材を求めて森の奥深くに移り住み、ろくろで椀や盆などを作る木地師の人たちが中心であったといわれている。登山は努力して高みに立つという自己実現の感動に浸る素晴らしいスポーツだと思う。がそればかりでなくこうして山に分け入るなかで、豊かな森を育む自然の計り知れない力を感じ、山に生きたフロンティアたちの心意気を知れば、それをしっかりと受け止め次の世代へ伝えてゆくことによって、私たちも自然と歴史の流れのなかの一員であることを、再確認する行為でもあるような気もしてくる。

北山を歩き直してみようと思い、手始めに登り始めたのが芦生の森や隣接する針畑や久多、能見であった。特に能見は芦生の森最深部というべき光砥山や、小野村割岳から流れ出るカヅラ谷や三国岳からの大谷への貴重な入口にあたり、このコウンド谷の荒れた古道を手入れしながら、春夏秋冬よく歩いた。

古道は光砥山の西側の肩を乗越して分水嶺尾根に出て、カヅラ谷道と分水嶺伝いに天狗峠へ向かう道に分岐するが、このあたりはカヅラ谷源頭が緩やかに開けて空は広く、木々も思い思いに大木となって枝を広げて気持ちがいい。分岐の小野村割岳側には盤取りされた跡が残る大杉があり、天狗峠側には姿形のいい中央分水嶺大杉がそびえ立っていて壮観だったが、二〇一七年秋の台風で並び立つ幹のひとつが無残にも折れてしまった。残った幹が頑張って枝を広げて復活することを祈るばかりだ。

光砥山山頂から稜線を西に進みワサ谷左岸尾根を下るが、このコースも当初は小野村割岳まで分水嶺を進み、ここから長いワサ谷林道を歩くのもやむなしと思っていたが、それでは行程が長すぎるので、拡大造林地の不良林を突き抜けて左岸尾根を下ったものだ。この山から小野村割岳のワサ谷源頭部の広い緩斜面もまた造林地となっているが、私が駆け出しの七〇年代初めに、芦生の森を縦断して若狭へ抜ける山行でここを通っていて、ちょうど伐採直後で苦労して通り抜けた記憶がある。地形図で素晴らしい隆起準平原地形が残っていることを知り、どんなに素晴らしい森があるのだろうと期待して谷通しに苦労して登っただけに、その時目の前に広がった光景の衝撃は今も忘れることはない。

ともあれ左岸尾根は造林地を抜けて下るにつれて見事な大杉の森となり、けものみちがうまく導いてくれて、ピーク七三七メートル登り返し手前からワサ谷林道へ下るルートが完成した。ピーク七三七メートルを越えて広河原下之町バス停近くへ下るルートや、さらに尾根末端の能見口までも快適に歩くことができる。

ワサ谷林道への下降点のすぐ先から反対に下ればコウンド谷へ下ることもできるということもわかり、ひとりの時はこだわりの能見起終点ということでこのルートを歩いている。

光砥山は標高九五一メートルの独標ピークであり、わずかに鎌倉山より高く、皆子山、峰床山、三国岳に次いで京都府第四位の山ということになる。西側の三角点のある小野村割岳の方がよく知られているが、隆起準平原地形の大らかな姿は抜きんでている。

●コースメモ

花脊峠から佐々里峠までの北山分水嶺歩きは、山村都市交流の森センターの送迎があることで成り立っていて、個人で同じ歩き方をしようと思うと二台の車で行く必要がある。この久多峠から光砥山へ登り広河原下ノ町へ下る区間は、朝夕の京都バス広河原行利用でも元気な人であれば可能だろうが、コースが長く久多峠（能見峠）からフカンド山以外は終始細道であり時間が読みにくい。

フカンド山から次第に道が細くなるが、尾根伝いに続く踏み跡を追う。中央分水嶺ピーク九二七メートルへの登り返しががんばりどころで、光砥山からはワサ谷左岸尾根下降点の地形図確認が怠れない。このコースでは帰りのバスに乗り遅れると大変なので、コウンド谷道を光砥山へ登りワサ谷左岸尾根を下るという、短縮コースでもこの山のよさは楽しめる。コウンド谷道の古道の味わいはこの山にふさわしいが、途中の谷道が荒れているので注意したい。

2.5万分の1地形図／久多

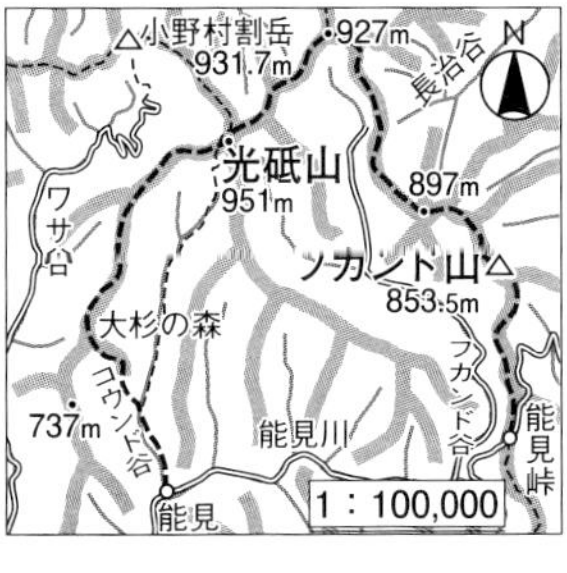

檀上俊雄の山 ④

湖西
三重嶽

中央分水嶺の湖西最高峰は大自然境

三重嶽《さんじょうだけ》は今津で琵琶湖に注ぐ石田川の水源にあたり、西に武奈ヶ嶽、東に大御影山を従えて見事なスカイラインを描いていて、南に箱館山や荒谷山があることで奥山の趣が感じられる。湖西線や国道一六一号でリトル比良を抜けると広い水田や台地の先に堂々とした山並が姿を見せてくれるのだが、お膝元の今津まで進むと前山に隠れて見えなくなり、さらにどの道を登ってもなかなか山頂を見せてくれない奥ゆかしい山である。

山の向こうは若狭であり、山上に立てば琵琶湖、若狭湾を眼下に望むことができる三重嶽は、北山から湖西の中央分水嶺の最高峰である。麓の村から離れた奥山は、昔はどの村にとっても山仕事の貴重な場所であったことから境界争いが絶えず、その結果絵図などが今日に残され、多くの地名が今に伝えられている。

地元今津山上会が三重嶽ばかりか武奈ヶ嶽や大御影山も含め、高島市となる前の今津町時代に山道を復元整備した。私も一緒に道の整備に汗を流したひとりであり、今でもこの山域を歩く気分は格別だ。

P54
河内谷本谷から登る三重嶽北尾根のブナ林尾根は、通る人もなく自然のままの姿で出迎えてくれる
P55 上
河内谷本谷はそびえ立つ山頂と北峰を望む貴重な場所で、この山のたくましい素顔を見るようで登高欲がわいてくる
P55 下
山頂にはかつて地元今津中学の生徒が作った展望櫓があって好ましいものであったが、登山者が増えた今では、若狭側が開けるここ北峰の静かな頂きで憩うことが多い

河内谷粟柄林道という名の通り中央分水嶺越えの林道だが、ゲートが作られて久しい。両岸が迫る美しい中流部にあって、ここから右岸は長尾、左岸は滝谷山へ至るルートが延びる

湖西に住んで車に乗るようになると、比良山系に続いて自然に足が向くのが朽木や今津マキノの山であり、冬は思いのほか積雪が多い。ちょうどスノーシューが出回り始めたころで、これを駆使してこれらの山に向かうことになった。ほとんどの山は無雪期同様無理なく登ることができるなかで、アプローチが長い三重嶽は手ごわい存在でいい目標となった。

地図を眺めて、ねらいを間谷《あいだ》と八王子谷の間の尾根に絞り、南の武奈ヶ嶽からこの尾根の様子をよく見てから実行に移した。時間短縮のためには下りのスピードアップは欠かせないことから、駆け下りの練習を繰り返してきたことはいうまでもない。石田川ダムから林道をラッセルし、急な取り付き斜面から尾根頭へ出て雪稜を伝い、雪原となった山頂へ予定時間通りに立つことができ、帰路にこの特訓の成果をほとんど使うことはなかったのだが思い出深い山行となった。

この山で最も登りがいのある谷という間谷の沢登りも、同様にひとつの目標であり友と勇んで出かけ、これも難なく登ることができた。そしてこれと並行して行ったのが河内谷本谷の沢歩きだ。源頭の急斜面のヤブ以外は難しくはないのだが、雄大な谷こそこの山にふさわしいという印象が強く残ったものだ。

そこで後日再び本谷へ入り、山頂から流れ出る沢の出合からブナ林尾根に取り付き北尾根へ出ることにしたが、そびえ立つ山頂と北峰を望みながら登るというのは他のコースにはないもので、けものみちを追って登る鬱蒼としたブナ林尾根は実に素晴らしいものであった。

そして極めつけは、河内谷林道ゲート前に駐車して、三重橋まで林道を進んでから長尾へ登り、山頂から分水嶺歩きをして大御影山をまわり、滝谷山からゲートへ下りるという河内谷本谷の分水嶺をひとまわりするロングウォーク。元気な友を誘って歩きに歩き、この目標もクリアーすることができた。というものの行程を追うことに終始しがちでせわしなく、これをもって三重嶽登山学校は卒業ということにした。それからは山頂からブナ林尾根をトって本谷へというコースが頃合いということで今日に至っている。

中央分水嶺でも芦生の森とともに自然が豊かなこのあたりは野生動物の宝庫であり、特にツキノワグマが多く生息していることは興味深い。その生態調査を手伝ったりしたこともあって、私のなかでは三重嶽は特別地域的存在である。この山域では一度も出遭ったことはないが、山中に数多く設置したカメラトラップで記録された映像を見て驚いてしまったものだ。

早朝夕方を中心に彼らは出没し、場所はいたるところでという状態だ。月の輪で個体識別ができることから多くのクマが生息していることがわかるのだ。秘かにそうしたトラップの周囲をくまなく歩いてみると、確かに足跡やけものみちがあって感動的であった。

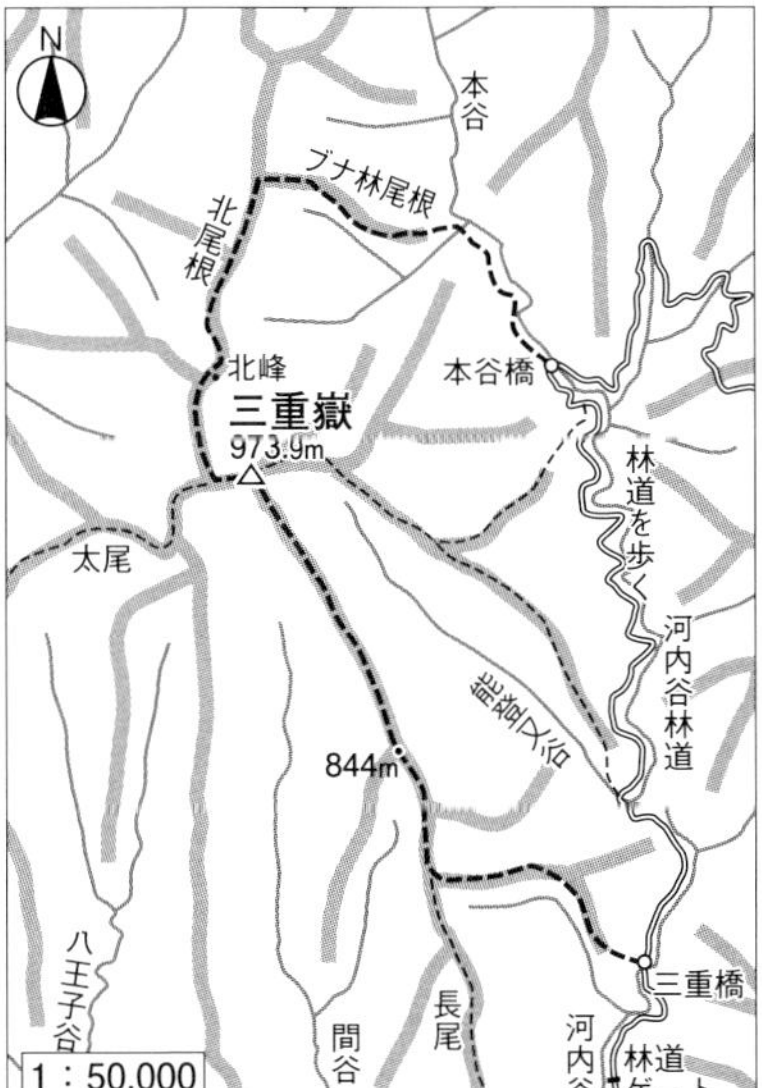

●コースメモ

長い林道の奥からスタートとなるのでマイカーでの登山となる。箱館山ロープウエイ乗り場下から舗装された箱館山林道で落合まで行き、さらにダートの河内谷林道をゲートまで進む。どちらの林道も落石や水たまりが多く、安全運転で一時間はみておきたい。ゲート前に駐車スペースがある。

本谷橋まで林道歩き約一時間、雄大な谷で退屈はしない。最初に渡る橋が三重橋で、帰路は長尾ピーク八四四メートルから枝尾根をこの先へ降りてくるので要チェック。三重嶽登山口をすぎると本谷橋で、右岸側に踏み跡がある。

三重嶽へは本谷橋手前の登山口から登るのが一般的であり、シャクナゲの多い急な尾根を登り、ブナ林を抜けて山頂まで約一時間三〇分。太尾コースや長尾コースもあるが、林道歩きやコースが長いことから、登ってきた道を引き返すのが一般的だ。

2.5万分の1地形図／熊川

檀上俊雄の山⑤

湖北

東ヶ谷山

琵琶湖西岸断層が造る中央分水嶺の庭を回遊

中央分水嶺は湖西から湖北に入ると、何とも窮屈そうに曲がりくねって延びている。乗鞍岳から愛発越《あらちごえ》をすぎ、海津大崎から東ヶ谷山の南北の尾根に乗っかってやれやれ、と思いきやすぐに深坂峠、新道野峠を経て今度は三方ヶ岳の東西の尾根となって行市山へ。

この分水嶺が折れ曲がっているのは琵琶湖西岸断層の仕業といわれている。ひとつの断層ではなく並行する複数の断層群であり、これらが敦賀海岸まで延びて越前海岸甲城断層に続いている。これらの断層群の特徴は縦ずれ以上に横ずれであり、谷の出口が横ずれでふさがれて山門《やまかど》水源の森の貴重な湿原ができたのだ。

この湿原の北側にも小湿原があり、南側は山中牧場跡の平坦地が広がっている。東ヶ谷山東斜面はこのように複雑な地形となっていて、低山でありながら変化に富むこの山に登るのは楽しい。

愛発越側でも山中集落跡の平坦地や、敦賀側下流の駄口付近のかつての蛇行した川の流路跡、岩籠山インディアン平原下部の大きな崩壊地もそうだが、断層活動の影響によると考えられる見事な地形があちこちに残されていて興味深い。

P58
南湿原のテラスは格好の憩い場。ひとまわりして空いていると嬉しくなって長居してしまう

P59 上
東ヶ谷山は湖北湖西、そして琵琶湖と敦賀湾の間の絶好の位置にあって、山頂周辺の展望ポイントからの眺めは味わい深い。とくに余呉最深部の山並からはいつも元気をもらっているような気がする

P59 下
ひと通り山を見た後で欠かせないのは、森に囲まれて広がる山門湿原の俯瞰ということになる。山上から見た秋の山門湿原

展望テラスは植林地に埋没しがちだが、ここからの湿原と森、そして東ヶ谷山の風景は素晴らしい構図で、自然が造る大いなる庭のように思えてくる

断層群が動き、花崗岩の岩盤に無数の割れ目をつくり風化が進む。水が浸み込み凍結融解をくり返せば地中深くまで岩盤は砂山状態となる。これは樹木にとって根を深く下ろせることとなって、表土が流されなければ豊かな森をつくることができる。森ができると野生動物が多く棲むようになり、湿原と山が合わさって、さながら大自然が造る大いなる庭が誕生するというのはすごいことに違いない。

自然災害が多い日本列島に住む者にとってはのどかな話ではないかもしれないが、備えをしっかりしながらこの多彩な自然を大いに愛でたいものだ。いろんな楽しみ方、アプローチの仕方はあるが、登山は自らの足で大いなる庭を春夏秋冬回遊しているようなものであり、私はとても気に入っている。

東ヶ谷山頂へ立てばその北側から湖北の中央分水嶺、南側からは琵琶湖とその周囲の山が一望できるが、眼下に山門湿原が望めるのがこの山頂にふさわしい。考えてみれば池以上に湿原のある風景は貴重で、山間にあって豊かな森に囲まれて、さながらひとつの世界を構成する姿は秘めやかでいいものだ。それは池ができたプロセスに加えてさらに長い時間をかけて埋まりできあがった地形だからだ。

琵琶湖西岸断層が大きく動き、比良山系や湖西の山とともに現在の姿になったのが三〇万年ほど前といわれている。谷がふさがり池となり湿原となる時代は氷河時代と重なり、泥のなかの樹木の花粉が残されその分析をすれば、当時の植生から気候が読み取れるのだ。まさに湿原はメモリーカード。そうした長い時間が記録されている大いなる自然の庭なのだ。

湿原から歩道を伝って中央分水嶺へ向かうと、このあたりの森にはブナ科の常緑のカシの木が多く、それがブナ林と接していたりして森は思いのほか多彩だ。ブナはそもそも温暖な地の常緑樹であり、寒冷な地へ広がってゆくなかで寒さに耐えられるよう落葉樹になったといわれている。このあたりの山はそうした新旧の木が隣り合って森をつくっていておもしろい。琵琶湖の北にあって寒いと思いきや日本海には対馬暖流があって、中央分水嶺の山は思いのほか温かいようで混沌とした世界のようだ。

　中央分水嶺へ出ると敦賀湾と岩籠山《いわごもりやま》が見える。余呉トレイルの細道を伝って南にひと登りで東ヶ谷山だが、積雪期はヤブが埋まって快適だ。山頂の憩いの後は緩やかな二次林の尾根を下って、山中と山門を結ぶ大浦越まで歩くのもいいが、地図を歩くということで山中牧場跡へ境界尾根を下ってみよう。山頂から少し下って大きく分水嶺が西に曲がる地点から、東へと延びる尾根は傾斜が緩く歩きやすい。牧場跡の雪原を北寄りに進むと、水源の森南湿原へ出る。

　目的地をめざし、つないで歩く楽しみが分水嶺のおもしろいところであるが、歴史も自然もそれに似て、多くの人生が積み重なりつながっていると思うと親しみがわく。中央分水嶺の東ヶ谷山は低くても、五感フル稼働で楽しめる山のひとつである。

●コースメモ

　山門水源の森は次の世代に引き継ぐ会が地元の協力を得て、湿原とその周辺の森を自然のままに保護管理する、フィールドミュージアム。湿原とその集水域の森からなり、周遊する歩道があって多くの人が訪れる。

　水源の森入口へは近江塩津駅から湖国バス新道野行で、上沓掛バス停下車徒歩一〇分で行くことができる。マイカーが便利で入口には駐車場がある。入森料四〇〇円だが、管理棟森の楽舎は冬季閉鎖となっている。

　東ヶ谷山へは国道一六一号愛発越の敦賀側山中から、送電線巡視路を登り中央分水嶺を北上して登る人が多いが、標識もなく読図力が必要となる。中央分水嶺余呉トレイルは、山中から大浦湊への古道大浦越に登り、東ヶ谷山を越えて深坂峠まで中央分水嶺伝いにのびている。

2.5万分の1地形図／駄口、木之本

檀上俊雄の山⑥

湖北 網谷山

中央分水嶺の豪雪の村はワンダーランド

中河内《なかのかわち》の人の語る昔話を聞いたことがある。村の西はずれには大音波谷という大きな谷があって貴重な山仕事の場所であった。この奥にある時、ならずものたちが住みついてしまい、時々村へ出てきて悪いことをするので困っていたが、もう我慢の限界ということで村びとが一致団結して見事成敗し、東の谷の網谷に葬ったという。

中河内集落は標高四〇〇メートルを超える高時川源流にあって、柴田勝家が福井から安土への最短路として整備した、北国街道の宿場としての歴史を持つ。五六豪雪では六メートルの雪が積もり春先まで孤立したというが、今も四〇軒あまりの家並が続く。ケヤキの大木が立ち並ぶ広峰神社、向かいの道路わきに立つ本陣跡の石碑が往時を今に伝えている。

北国街道は栃ノ木峠からこの村を通り、高時川ぞいに下る道を分けて今はトンネルが抜ける椿坂峠を再び越えて、柳ヶ瀬断層が通る余呉川伝いに余呉中心部へ向かう。高時川沿いの道には半明、針川、尾羽梨、鷲見、田戸、小原、支流の奥川並の七つの集落があった。

P62
東側鉄塔からみる網谷山。中央分水嶺の低山も雪が積もれば見違えるような姿となって、登りがいがある山となる
P63
網谷にはどっさり雪が積もり究極のスノーシューが楽しめるものの、沢を渡る時には思わぬ苦労をさせられる

鉄塔の西側は見事な雪の丘となり、敦賀湾から市街、野坂岳の風景ばかりか網谷と分水嶺が一望でき圧巻だ

中河内の網谷支流に黄金清水《こがねしょうず》という谷があって、おじいさんは一日おきに朝暗いうちに家を出て、ここを登って中央分水嶺を越えて獺河内《うそこうち》へ出て敦賀の海岸まで行き、奥の村の分まで塩を買って日暮れてから家に帰って来ていたという。この道を塩買い道といって、人によっては池河内への庄野嶺越の道を使ったり、栃ノ木峠から現在の余呉高原スキー場付近を越えて新保へ抜けていたという。

これは身内のことを語った貴重な話であり、すぐに網谷探検を始めたのはいうまでもない。網谷は淀川の源の石碑のある栃ノ木峠への高時川本流よりわずか短い支流でありながら、奥はほとんど植林地もなく鬱蒼とした森が広がっていて、この谷こそ淀川水源の森にふさわしいものであった。送電線が越えていてその巡視路があちこちにのびており、これを伝い歩くのはしっかり草刈りがされているので快適そのもの。それぞれの鉄塔に出てみると周囲が一望でき、地図で見る源頭の迷路のような枝尾根や小谷が、その名の通り網の目のような状態であるのだが、いろんな角度から俯瞰すると網谷の全容を正しく理解することができた。

そして黄金清水の谷へ突入するのだが、谷道はほとんど流されていたものの炭焼窯跡が点々と残ることや、道形の断片が点々と残ることから道があったことが確信できた。季節は初夏、水量は少なく両岸から枝が延びて、さながら緑の水路のトンネルは涼しくていいものだった。そうして分水嶺を越えて獺河内側へ下ると今度は尾根道となり、こちらは掘れた道が見事に残っていた。

これが厳冬期ともなると網谷側など様相が一変し、多くの積雪で黄金清水の谷はすっかり埋まり、アルプスの雪渓のミニチュア状態でスノーシューが快適であった。しかし網谷本流では沢を渡ろうと思うと背丈以上の雪壁を崩して河原へ下り、雪壁に階段を作って登るためのスノースコップが欠かせない状態であり、スノーシュー登山技術なるものが問われる事態となる。

網谷越から網谷山（・七一八メートル）の間のチェックポイントは、敦賀湾展望ポイントと独標六〇八メートル近くの鉄塔だ。特に鉄塔は尾根からわずかに外れているが必ず立ち寄って、現在地確認と網谷山への尾根確認をしたいものだ。

網谷山は南北に頂稜が延び、最高点は北端に近い。樹林に覆われているが木の上に立つと東側の山並が開ける。ベルク余呉スキー場跡ごしの音波山から下谷山のブナ林の中央分水嶺が圧巻だ。茫洋として大らかな山並はどこか憧れの北の山を彷彿とさせる。

ここから網谷左岸尾根にも細道がのびていて、東の送電線鉄塔からは点標中河内へのエスケープルート、西の鉄塔からは点標空谷への左岸尾根ルートとなる。どちらの鉄塔も展望が雄大、二つ合わせて三六〇度の分水嶺にふさわしい大パノラマとなる。

●コースメモ

中河内へは余呉駅から余呉バスがあるが、夕方の便は前日までに予約が必要。マイカーだと木之本インターから約三〇分。椿坂峠がトンネルとなり、冬季も無理なく走れるようになった。網谷林道は終点まで徒歩四〇分、ここで谷は二俣となりどちらの谷にも送電線巡視路が延びている。左俣が黄金清水谷で次の二俣を左に入る。入口がわかりにくいが立派な炭焼窯跡が目印となる。

中央分水嶺には余呉トレイルの細道が続くが、分水嶺は右に左に曲がっている上にササや倒木でわかりづらい箇所があるので、地形図での現在地確認は怠れない。

網谷山南側の展望のいい鉄塔から点標空谷への尾根道はけものみち状態で、歩きやすいところを選んで進み、独標六一五メートルの先から東へ向きを変え国道へ。時間的に厳しい場合は鉄塔から東北側の鉄塔へ巡視路で移動し、点標中河内への尾根の細道を下れば一時間ほどで国道へ。

2.5万分の1地形図／中河内、板取

檀上俊雄の山⑦

湖北

下谷山

中央分水嶺、ブナ純林の回廊を行く

トレイルとは、めざすべき目的地へ向かうにふさわしい道をいう言葉だと思う。自然への負荷を最小限にした歩きやすい道で、昔でいえば荷車を意識した一間道ではなく、歩くだけのための半間道であり、これで十分だと思う。山道や境界切り開き道からけものみちまで、あるものをつなぎあわせて一本の道とし、新規に開く道は最小限にしてつくられたのが余呉トレイル。

北山分水嶺の道も同様の細道で、時々これが道ですか、と聞かれるくらいだが、山慣れた人から褒められることもある。標識も置かず、歩かなくなったら何年かすれば自然に戻るだけという細道トレイルだが、二万五千分の一のトレイルマップを作り、それを見てトレイルの全容を知って、トレイルを歩いてもらうという考え方だ。

余呉トレイルのめざすべき目的地は下谷山。琵琶湖・淀川水源の森の奥の中央分水嶺にある山で、この山域本来の圧倒的な自然を今に伝えていて貴重な場所だ。南尾根から山頂へ立ち音波山の先の送電線巡視路に出合うまでさりげなく細道は続いている。

P66
山頂からは南側の展望が開ける。矮性の木に登れば上谷山、三国岳の分水嶺や北に白山を望める
P67 上
山頂からの雄大な南尾根、末端の点標大音波の峰まで続くこちらのブナ林も分水嶺に負けてはいない。さながらブナ林王国のゲートマウンテンだ
P67 下
鍵形に曲がる分水嶺を伝えば山頂はもうすぐだ。ここまでのブナ林回廊は太さが揃った二次林が多かったが、ここにして天然更新を続ける原生林となり壮観だ

音波山からブナ林の中央分水嶺が続き、下谷山は遠くに見えるが、起伏が緩やかで歩きやすく頂きへは思いのほか早く立つことができる

●コースメモ

スタートは標高の高い栃ノ木峠からが楽で、山頂から南尾根を下るのが一般的だが、逆コースでも早朝出発すれば可能。点標大音波の急斜面

ピーク九七一メートルを下谷山と呼ぶのは、針川上谷の源頭に上谷山があるようにこのピークが針川下谷の源頭にあたることからだ。南の大黒山の先に妙理山があって三角点点標名が下谷だが、椿坂への下谷は山頂まで達していないことや、すでにこの山にはふさわしい名前があってよく知られている。針川は五六豪雪以降に廃村となって久しいものの高時川出合に集落跡が今も残り、上谷下谷出合あたりにかけての樹林の渓谷はことのほか美しい。

下谷山の素晴らしさは分水嶺や南尾根のブナ林回廊とともに、山頂周辺の複雑な地形にある。隆起する前のなだらかな尾根や浅い谷がそのまま残っている隆起準平原地形であり、そこに原生林のブナ林が広がっていることだ。山頂斜面で立派な体格のツキノワグマが出迎えてくれたこともあるが、野生動物の多く棲む森である。曲がりくねった分水嶺を伝い、残丘のかわいい山頂に立って雄大な淀川水源の森を眺めた後に、けものみちを追って原生林をひとまわりするのは、この山ならではの楽しみとなっている。

けものみちの足跡は主にイノシシで、余呉トレイルの山上部分は彼らの道を利用していることが多く、こちらが拓いたわずかな区間も、彼らが歩いて維持管理をしてくれる現実の姿をみて感動したものだ。道づくりへの貢献ばかりか、彼らとの間合いの取り方を学べば安全は確保され、森の友として楽しくつきあうことができる。イノシシだけでなくシカ、サル、ツキノワグマなど大型野性動物の生態を深く知るということは自然派登山者にとって必須科目にちがいない。

私のＲＵＷＶの先輩に今は亡き萩原輝一さんという人がいた。郷里武生で家業は登る方がルートを追いやすく、山頂に立った時にも達成感が湧く。

　下谷山スルーは一日がかりとなるためマイカー二台で行き、栃ノ木峠と半明のそれぞれに置車しておきたい。それが無理な場合は、余呉トレイルクラブが下谷山スルー例会を行っているので、これに参加するといい。

　栃ノ木峠峠下の閉鎖されたベルク余呉スキー場入口から、送電線巡視路を使ってこれまでスタートしていたが、峠の「淀川の源」石碑から切り開き道ができて分水嶺通しに歩くことができるようになった。

　下谷山山頂付近は尾根が並走する複雑な地形で、分水嶺は山頂西側で二つの尾根を乗り移る形となっているので、地形図を拡大コピーして臨みたい。山頂福井側のブナ原生林は、道がなくけものみちを追うことになり、こちらも読図は欠かせない。

　この山で出合った山慣れた人でさえ、この山上でリングワンデリングを余儀なくされ二時間くらいさまよったという。
2.5万分の1地形図／中河内、板取

を継ぎ武生山岳会で奥越から白山の山々のヤブを漕ぎ、沢を登り、冬はスキー登山と、季節に応じたそれは素晴らしい山登りを行っていて、いつも話を聞くのが楽しみであった。その山行のなかで厳冬期の上谷山から栃ノ木峠までのスキー行は特に印象に残っている。深雪で思いのほか手間取り、分水嶺を下る途中で日没を迎えたものの深夜に峠へ降り立ったという。

　上谷山へヤブを漕いで登ったり、残雪期に山頂に立ち下谷山へのトレイル整備をするようになると、この分水嶺の地形の複雑さがわかってきて、このスキー山行のすごさが理解できるようになる。日が暮れて暗闇の中を下谷山の迷路を通過したことになるからだ。今でもこうした先輩に恵まれたことを誇りに思うと同時に、笑われないようないい登山をしたいといつも自らを戒めている。

　私はこの話を思い出しながら、下谷山が余呉トレイルのゴールにふさわしいと考えるようになった。ここまでは頑張ればだれでも到達できる誇るべき自然のなかのピークであり、その先は先輩たちが夜を徹して通り抜けた登山のエキスパートの領域であるからだ。

　その時のパートナーや天候によってはビバーク、最悪は遭難もありえたはずで、登山というのは勝算ありと判断すればひたすら山頂をめざすが、少ない確率に賭ける冒険ではない。

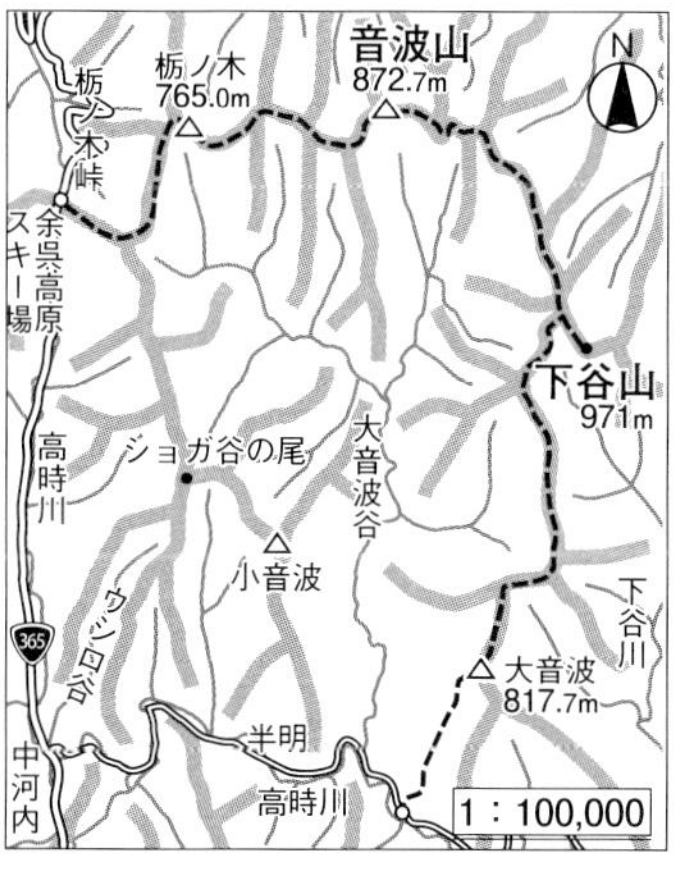

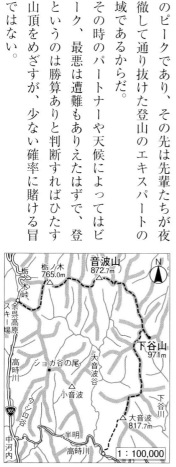

山歩きを創造する

草川啓三の山

Kusagawa Keizo

右上から
京都北山／春の八丁川
若狭／根来畑の高から根来坂への尾根
鈴鹿山脈／谷尻谷右岸尾根の春
野坂山地／粟柄谷湯の花谷左岸尾根のトチの巨木

左
越美国境／美濃俣丸から三周ヶ岳を見る

山歩きの楽しみを見つける愉しさ

草川啓三

一九四八年京都市生まれ。一九六八年に山登りを始め、一九七〇年に京都山友クラブに入会。すぐに沢登りの面白さに目覚め、黒部や白山の谷、白山北方の笈ヶ岳や剣北方の毛勝山など、静かな山のよさを知る。一九七五年に京都山の会に入会し、現在に至っているが、この入会で山スキーの楽しさを知る。

一九七七年一二月に家庭を持ち、やがて家族がふえるとともにお決まりのように山離れが進んだ。職が変わったこともあって、年間山行は一〇回を数える程度となり、結局この停滞期が約一五年間ほど続いている。若い頃に山登りに集中できたのは一〇年間程度であったが、この間の山行きの貯金が今になっても、何かにつけて大きく効いているように感じている。そしてこの集中期の決算として一九八四年に京都山の会元会長の西尾寿一氏のお力によって『近江の山』を出版。この出版は、以後の長い山の人生に大きな力を与えてくれることとなった。

一五年の長い停滞期から大きく動き出したきっかけとなったのは、一九九五年からの昭文社の山と高原地図『御在所・霊仙・伊吹』の調査執筆であった。鈴鹿山系の調査登山がはじまってから、ほぼ毎週のように山へと入るようになり、それがそのまま現在まで続いている。

この頃から、山歩きは自分で地図を見て創り出すものだということに気づき、地域研究的な山歩きに没頭したり、遠く暮らした山人の跡を追ったりと、山歩きの楽しさを自分の手で見つけ出す愉しさを知るようになった。そして気に入った山域を見つけ出しては、その記録を出版できるようになったのは、ナカニシヤ出版の故中西健夫会長の力によるところが大きかった。

山歩きを創造することは楽しい。美しい雪稜を辿ったり、知られざる巨木を訪ねたり、埋もれたような道を探しながら歩く峠歩きなどを愉しんでいるが、自分の山のまとめとして、滋賀県の三〇〇メートル以上のすべての三角点（基本四等以外）と、その他の目立った四等三角点ピークや三角点のないピーク、それ以下の標高でも山らしいピークなどを含む、約五〇〇山の踏破を続けている。

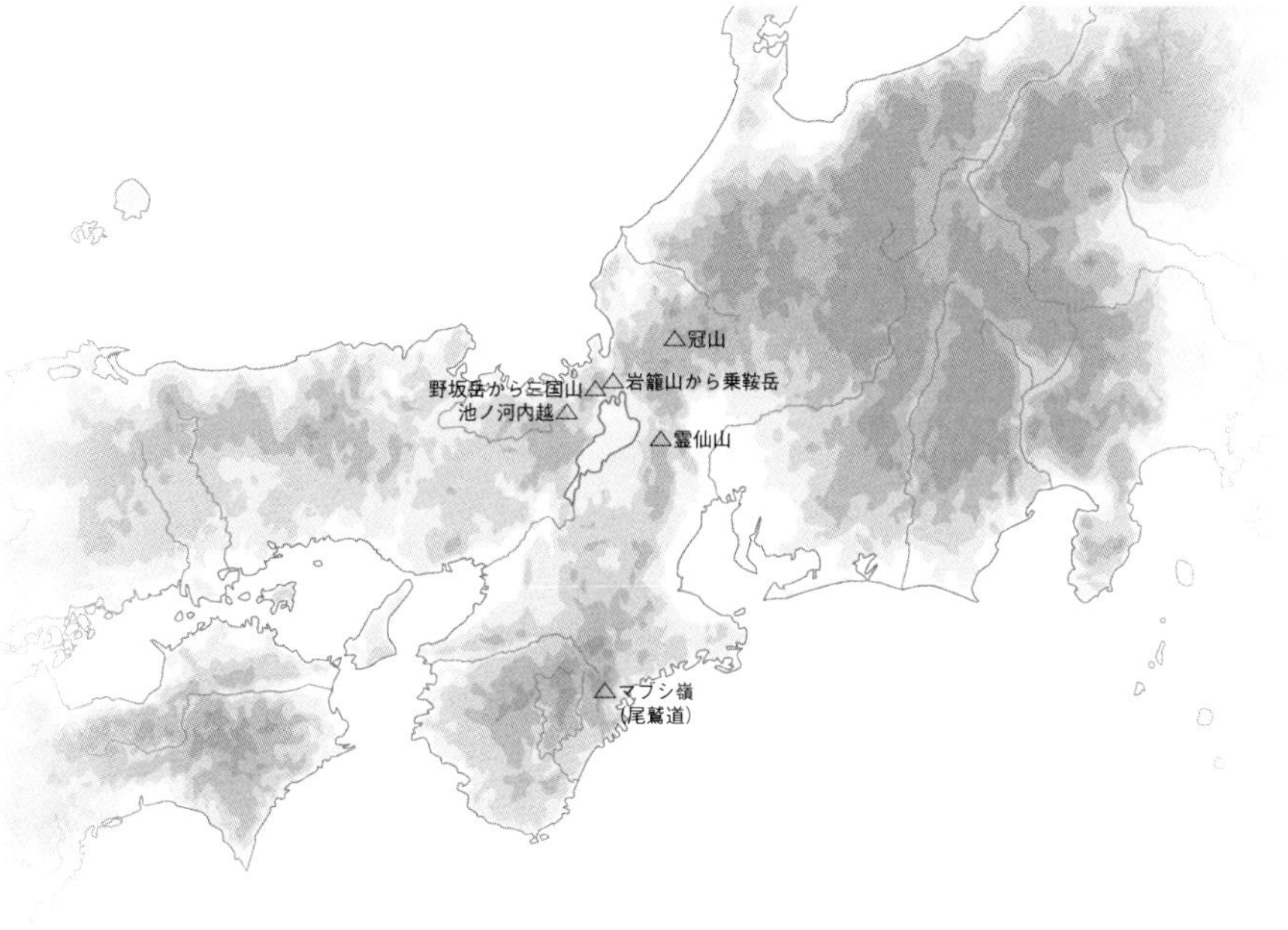
△冠山
野坂岳から三国山△
△岩籠山から乗鞍岳
池ノ河内越△
△霊仙山
△マブシ嶺
(尾鷲道)

草川啓三の山 ①

野坂山地 野坂岳から三国山

美しいブナ林を一日で駆け抜ける

一九七八年二月、一泊二日で野坂岳から三国山の稜線をスキー縦走している。それから約四〇年の間を経て、再びこの尾根の縦走を果たした。初めて縦走した頃、この野坂山地の山々にどんな想いを抱いていたのだろうか。

野坂山地は東北端にあるこの山塊の盟主野坂岳から、馬蹄形に長円の弧を描いている。その長円の中心には、若狭湾の美浜へと流れ下る耳川があり、野坂山塊の山々から流れ落ちる水は、各支流から耳川へと集まる。この耳川の源流部を形成する谷が、横谷川、粟柄谷、能登又谷といった谷々で、耳川源流の谷から尾根は、この標高とは思えないような美しい樹林帯を形成している。尾根にはブナやミズナラ、谷筋にはトチ、カツラなど、伐採の手を逃れた美しい落葉樹林に包まれた、数少ない山々である。

耳川源流域の山々の情報を初めて手に入れたのが、京都北山クラブ会報の「京都北山」からだった。当時古くさい昔の登山観を持つ人たちの集まりだと思っていた京都北山クラブは、時代の先を行く集団であったのかも知れないと、今になって思っている。

P74
ブナの紅葉は年によって大きな変化があり、こんなにきれいな紅葉が見られる年は少ない
P75 上
野坂岳からの下りのブナ林。ブナの巨木林は野坂岳山頂付近から、新庄乗越まで続いている
P75 下
芦谷岳からの下り。しっかりとした道はないが、かすかな踏み跡が続いている

野坂岳山頂は360度の大展望が広がっており、北は敦賀湾・若狭湾の海が望める

京都府南丹市美山町の芦生原生林から東北へ、朽木の針畑川、北川、麻生川源流の山々から、耳川、粟柄谷源流部の野坂の山々への連なり。芦生から野坂山塊に続く山々が、ここ数十年の私のホームグラウンドとなっている。この一連の山々の中心を走っているのが、高島トレイルと呼ばれている登山コースである。高島トレイルは近年歩く人も多くなり、登山道が広く踏まれすぎた感があるが、それは人を呼ぶためのトレイルの宿命であり、仕方のないことであろう。ならば、静かな山を好む私にできることは、これを避けて歩くしかない。

私がいま山歩きで最も愉しく悦びを感じることができるのが、中部から西南日本の標高六、七〇〇～一五〇〇メートルくらいに位置する極相林の山歩きである。ブナを中心とした自然林に包まれた中は、樹木の持つ温かさがあり、そして透き通るような明るさを感じるのである。

高島トレイル上の一峰の三国山から北へ、野坂岳まで続く尾根、ここには素晴らしいブナの巨木林が残されており、歩いて心地よい、愉しい尾根である。しかもこの尾根にはよく踏まれた登山道はなく道標も見られない、静山マニアにはとっておきの尾根といえる。近年のシカ害の影響か、静かな山だがそれでいてヤブも濃くなく、快適なブナ林を一日で歩き通す縦走登山が楽しめるコースである。

野坂いこいの森登山口から登って行くと、野坂岳頂上手前付近からブナ林が出てくる。野坂岳山頂からはさえぎるもののない大展望が広がっている。眼下に敦賀湾や若狭湾の広がり、東から南そして西へと首を振ると、自分のホームグラウンドとしてきた山々がそこに連なっている。まさにここがその基点となる山にあたると実感した。見渡す広がりは五〇年の歳月を私と共に重ねてきた山々である。

さて、この広々とした山頂を下るところからが、いよいよブナの山歩きの本番となる。黒河川沿いの山集落から登ってくる送電線の巡視路の分岐をやりすごすと、登山道といったものはなくなる。うすい踏み跡を追って、いくつものブナの巨樹との対面を楽しみに、森を彷徨い歩く。芦谷岳前後がそのクライマックスで、木々の紅葉を透過する光りが、奥へ奥へと誘ってくれる。

森の中で昼を食べていると、単独の登山者が何の反応もなくすぐ横を通り抜けて行った。彼もこの森に差し込む秋の光りに誘われるがまま、ひたすら歩いていたのだろうか。

新庄乗越まで下るとブナ林はなくなる。三国山からは登山道だ。さあピッチを上げよう。

野坂岳南側斜面のブナの巨樹

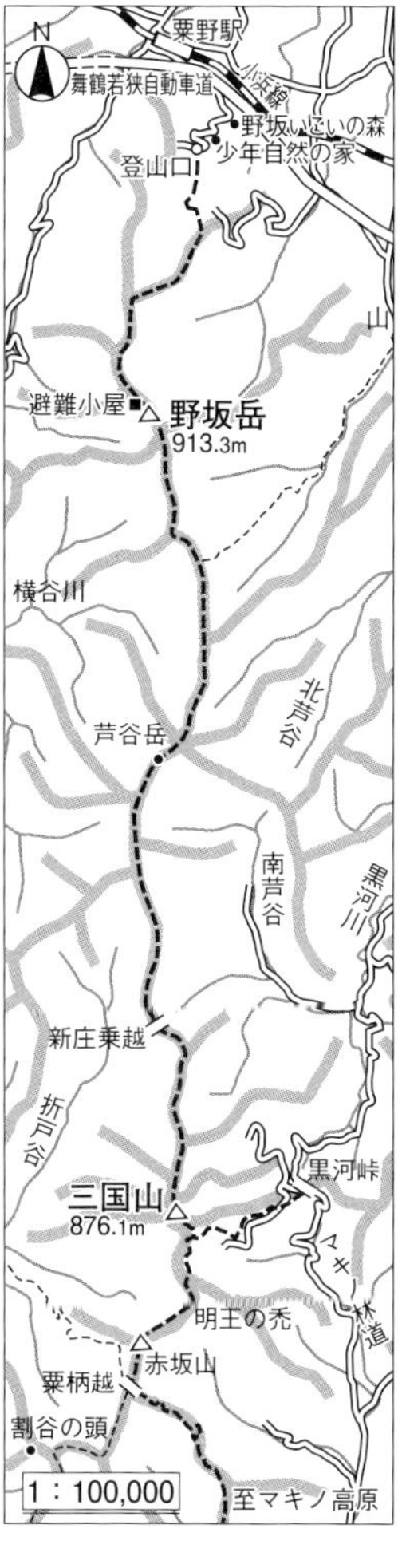

●コースメモ

公共交通機関（ＪＲやタクシー）利用では日帰りはかなり厳しいが、野坂岳側の登山口であるいこいの森と、三国山側の登山口である黒河峠、または赤坂山の登山口となっているマキノ高原の、両登山口に置き車をすれば、一日で縦走することは可能となる。ただ三国山の登山口の黒河峠までのマキノ側、敦賀側の両林道とも悪路であり、通行止めになることも多いので、注意したい。

野坂岳は、野坂いこいの森登山口からと、黒河川の山集落から野坂岳北の稜線を経て、野坂山頂まで登山道がある。一方の三国山までは、マキノ高原登山口、あるいは黒河峠から登山道がある。野坂岳北の巡視路分岐から、三国山までの間は登山道はないが、うすい踏み跡が続いており、ヤブもうすい。車利用の登山なら日帰りでの縦走が可能な距離。積雪期でも二月中頃以降になれば雪も締まって、快適な縦走を楽しめる。

2.5万分の1地形図／敦賀・駄口・海津

草川啓三の山 ②

野坂山地 岩籠山から乗鞍岳

静かな山稜に縦走の楽しさを知る

敦賀湾へ流れ込む黒河川を挟んで並行する尾根。西側は野坂岳から三国山に至り、東側は岩籠山《いわごもりやま》から乗鞍岳へと続いている。敦賀市の背後に構える野坂岳と岩籠山は兄弟のようで、どちらも複数の登山ルートがあり、登山者に親しまれてきた山である。

岩籠山は標高は低いが、緩やかな頂稜部にはいくつものピークをもたげ、東側にはインディアン平原と呼ばれる笹原に岩を突き出した、開けた山上の原を形成している。見事なブナ林をまとった端正な兄貴に対して、弟らしくちょっぴりやんちゃな雰囲気を持つ山である。

並行する尾根も野坂岳のブナの尾根に対して、岩籠山からの尾根は、ブナ林もあるものの植林地や伐採後の雑木林が続いていて美しさに欠ける。それだけにこの尾根を縦走する登山者も少ないようで、踏み跡も薄く、△七八六・六メートル付近のわずかだけは、濃密な藪に囲まれていた。部分的なヤブ漕ぎではあったが、やはりこうしたヤブの突破で体を使うと、脳にも刺激が伝わるようで、縦走の充足感にもプラスされたようだった。

P78
右／登山道沿いに咲くササユリ
左／山頂にオオバキスミレが咲き残っていた

P79 上右
駄口登山口から山稜へ上がり、岩籠山へ向かうとブナ林の中に入る。林床は灌木もなく庭園のように整然としている
P79 上左
山稜を駄口登山道分岐から南に向かうと、クリの巨木と出合った
P79 下
明るく開けたインディアン平原からは、続く山稜の向こうに縦走最後の目標ピークの乗鞍岳が見えていた

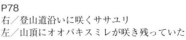

山頂の東側直下に大きな眺望が開けるインディアン平原。笹原に岩が突き出し心地よい風が吹き抜ける

車を使っての登山では縦走形式はなかなか難しい。目的のピークを中心に、谷や尾根を伝ってブーメランのようにもとに戻ることは多いが、直線的に尾根を進むのは、車に戻ることを考えると計画が立てにくい。車二台で行って置き車すればいいのだが、単独あるいは少人数で行くことが多いのでこれも難しい。となると帰路は車道・林道を歩いて帰るといった方法しかない。車道歩きも一時間くらいなら、思わぬ発見があって意外に楽しいものである。こんな帰りの車道はできるだけ下り坂になるようにしている。山行の最後に長い登りが続くのはつらいものだ。

帰りは路線バスで車まで戻る計画をしたことがあったが、バスが毎日運行でなかったことで失敗したことがある。あきらめてとぼとぼ歩いていたら、登山帰りの方の車に拾われて助かったことがある。この岩籠山からの縦走も、最後の国道歩きを考えて岩籠山への登りは駄口からのコースを選んでおり、国道一六一号を歩いて駄口まで戻る途中、「乗りますか」と声をかけて下さる方があった。丁重にお断りしたがうれしかった。少人数なら案外声をかけてくれる人はいる。

駄口からの登りは初めてであった。このコースは送電線の鉄塔巡視路で人の手の入った尾根だが、稜線に登りつくと美しいブナ林が迎えてくれる。林床は手入れされたかのようにほとんど低灌木もなく、ブナは同じ太さの木が揃っていて、公園に入ったかのようだった。おそらくは一度伐採されたあとのブナの二次林と思われるのだが、自然のままでこんなにも整然とした林になるのだろうか。

この山の面白いところは、このブナ林を抜け出すと草原状の山上が広がっているところである。野坂山地ではこのように山上に樹林がない山が多い。かなり昔から人の手が入ってきたのか、それとも樹木も成長しにくいほど風の影響があるのかどうかは分からないが、山登りを楽しむ者にとっては、明るく眺望が広がる山稜はすばらしい恵みであろう。ことに晴天の日には、ここインディアン平原と呼ばれる岩を突き出した山上からの展望は、登山者への何よりのプレゼントとなる。

もとの駄口コースの分岐まで戻ると、しっかりとした登山道はない。しかし最近では、豪雪地の山でない限りは、昔のようなヤブ漕ぎはなくなった。ヤブ漕ぎでいやなのはササのヤブと、伐採後の陽当たりのよいイバラがはびこる斜面である。昔はこんなヤブに何度泣かされたことか。この縦走も安心して歩いていたら、△七八六・六メートルでびっしりと詰まった灌木に出くわしている。しかしそこは昔取った杵柄、ヤブの通過は心得ていて、あっけないほど簡単に抜け出せて拍子抜けした。

乗鞍岳に出ると午後の陰翳が刻まれた大展望。縦走の最後にふさわしい山並みが広がっていた。

ブナ林の中を行く

△786.6m山頂付近だけ猛烈なヤブに包まれていた

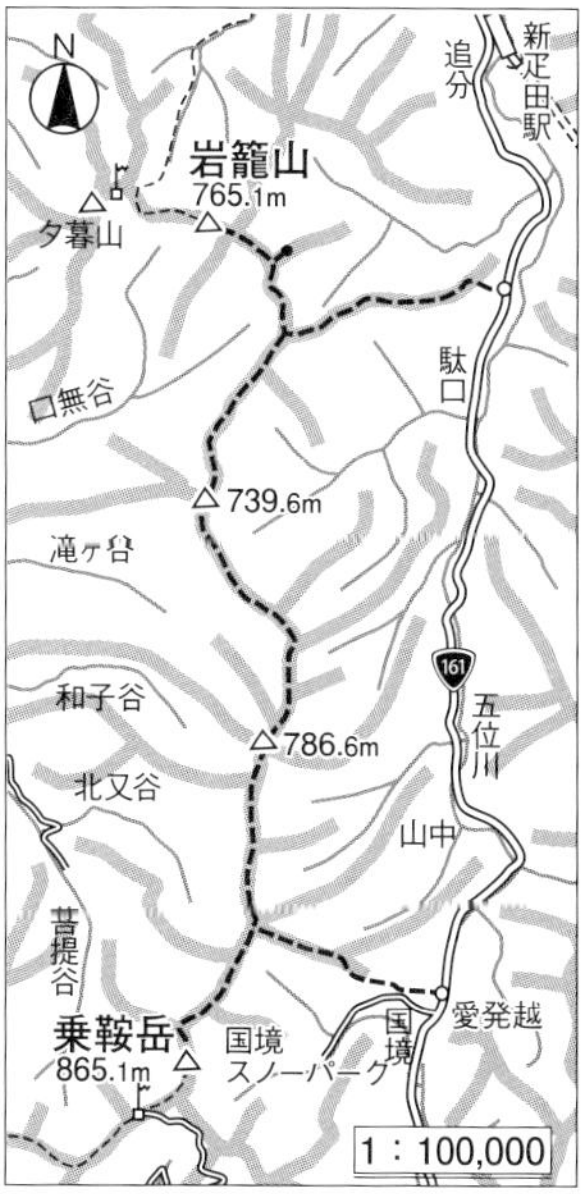

●コースメモ

車での登山なら疋田コースでは帰りの車道歩きが長く、駄口コースは登山者用の駐車場もあって安心できる。縦走方向は帰路の車道歩きを考えると、岩籠山から乗鞍岳に向かう方がいい。積雪期でも雪が締まった三月初旬くらいなら快適なコースとなるが、岩籠山の積雪量がそんなに多くないので、雪が少ない年は積雪量に注意したい。

駄口登山道の分岐から、高島トレイルの合流点まで、登山道はないものの歩きやすい尾根である。文中にもあるように、ヤブが濃いのは△七八六・六メートル山頂付近だけである。

2.5万分の1地形図／敦賀・駄口

草川啓三の山 ③

江若国境 池ノ河内越

池ノ河内越、忘れられた峠道を辿る

こういう山歩きが登山といえるのかどうか分からないが、山中の古道を辿る山歩きが好きである。深い山中での焼畑や木を切る樵夫、椀や盆をつくる木地師、あるいは炭焼、鉱山など、集落から遠く離れた山に生きてきた人がいた。そこには必ず山越えの道が存在し、営々と使い続けられた道には、そこに生きてきた、人びとの証が残されている。

また山越えの道は山に生きた人ばかりではなく、麓に暮らした人もさまざまな理由で、この道を辿る必要があった。そうした道には、使い込まれて磨かれたような美を感じるのだが、そこに見るのは人工でもなく自然でもない、人が自然と関わって積み重ねられてきた、歴史や文化の上澄みであった。

近江と若狭を隔てる山にも、こんな美しい峠道がいくつもある。そのほとんどが消滅しつつあったが、近年、登山の道として復活した峠道も多い。しかしその道跡さえ辿ることができなくなった峠道がある。かつて若狭の池ノ河内集落と近江の木地山集落とを結んだ、池ノ河内《いけのこうち》越もそのひとつで、金久昌業著の『北山の峠』の跡を追って歩いてみた。

P82
池ノ河内越の道はほとんど消滅していたが、昔の道跡と思えるような踏み跡に出合うところもあった

P83
三番滝の右岸側に巻き道がある。これは滝を見るために整備された道のようで、昔の道は左岸側にあったという。堂々とした美しい滝だった

三番滝の上は谷が緩やかに広がっており、石垣などが積まれている。昔はここに住み、畑などが開かれていたと思われた。

池ノ河内越を歩いたのは、池ノ河内に住むKさんからの電話が始まりであった。もう一五年ほど前に出版した拙著『近江の峠　歩く・見る・撮る』という本を読んだ池ノ河内に住むKさんから、池ノ河内越のことを聞きたいという連絡をいただいた。しかし私も、池ノ河内越の若狭側は歩いていなかったので、満足な返答もできなかった。Kさんは最近何度かこの峠道を歩かれていたようで、では一緒に行きましょうと誘っていただいて、歩くことができたのである。

そもそもこの池ノ河内越はいつ頃まで使われていたのだろうか。『北山の峠』(ナカニシヤ出版)で金久さんが歩かれてかなり詳しく行程を紹介されているが、書き出しには、この峠はもう三〇年も以前に消滅していると書かれている。ということは昭和二五年頃までは使われていたことになる。私も、木地山の人から、昔は池ノ河内の人たちが峠を越えて炭焼にきていたということを聞いている。以前に行った時にも、木地山側の尾根には道ともいえないような細々とした踏み跡が続いていたのを記憶している。

林道の三番滝《さんばのたき》の上まで上がって車を停めた。まず滝を見ておきたくて右岸側の道を下りて三番滝の全貌を眺めた。想像していた以上に立派な滝である。滝上まで戻るとゆったりと開けた地形が広がる。石垣が組まれたところも多く、人が住んでいたという雰囲気があるところだ。池ノ河内は近江側から越えてきた人たちの村だといわれているので、昔はこの辺りに暮らしていたのではないかと思った。

山越えしてきたということについて、Kさんからおもしろいお話をうかがっている。それは池ノ河内から少し下流の隣の集落にあたる門前、三分一などとは、言葉がまったく違っているという驚きの話だった。山越えしてきたということを証明するような話だが、やはり木地師の人たちであったのだろう。

三番滝から峠まで上がってみたが、やはり峠道はほぼ確認できなかった。しかし大正九年測図、昭和二一年発行の五万分の一「熊川」をみると、ここに入れられている破線と、ほぼ同じコースを歩いていたようだった。

それとこの地図にはもうひとつ興味深い破線路が描かれていた。これもKさんから伺った話だが、昔池ノ河内は背後の尾根を越えて谷を下ったところにある、国道二七号沿いの日笠《ひかさ》という集落と交流があり、池ノ河内の神社も日笠から勧請されたという。日笠までの山越えの道が今も残っているとのことだった。それが昔の地形図にも残されている破線路である。すぐ下流の集落よりも山越え道でつながった遠い集落の方が、結びつきが深かったのである。

こうした地元の方の話を聞き、地形図という資料と重ね合わせると、峠道が立体的に浮かび上がってきたように思えた。やはり古道探索は面白い山登りである。

下山に使った桜谷山北尾根のケヤキの巨木

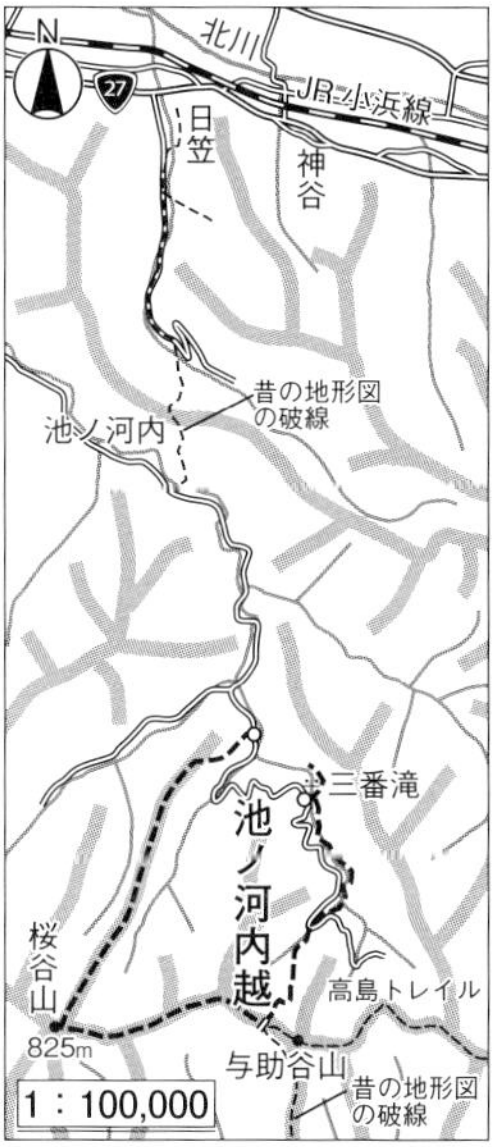

●コースメモ

池ノ河内集落から奥は林道が谷奥深くまで入っているので、その林道の三番滝付近に車を置いて歩き出すといい。峠道は消滅しているが、ヤブもそんなにないので、昔の道を推理しながら歩くのも楽しい。木地山側の峠道も分からなくなっているが、峠からトラバース気味に与助谷山南尾根に乗り、あとは尾根通しに下って行く。

池ノ河内の三番滝付近から歩くなら、池ノ河内越の峠へと登って、高島トレイルを桜谷山まで歩き、この山の北尾根を下って周回するコースが面白い。桜谷山北尾根は道がなく、エゾユズリハが覆うところもあるが、突き出した岩の上に立つ、数本のケヤキの巨木が圧巻。

また、池ノ河内から日笠への道も辿ってみたが、池ノ河内側はかろうじて残っており、日笠側は峠からの上部が不明だが、下部は道形が残っている。峠は池ノ河内集落背後の鞍部にあり、お地蔵様が祀られている。

2.5万分の1地形図／古屋、遠敷

草川啓三の山 ④

鈴鹿山脈
霊仙山

眺望を肴にひとり黙々と

霊仙山は山登りを始めてから最初に登った山であり、私のなかでは最も思い入れの深い山である。

鈴鹿の山といえばピラミダルな御在所岳・鎌ヶ岳に代表される花崗岩の山と、平頂峰で懐の深い御池岳や霊仙山といった石灰岩の山に大きく分けられる。この地質の変化が鈴鹿の山登りの面白さに大きく寄与しているところであろう。

どちらの山が好みかと問われれば、私のなかでは、大きな懐に分け入るような石灰岩の山に、傾くように思う。この山々では山上のササがつきものであったが、近年、ササがなくなって山の雰囲気も随分と変わってしまった。しかし山を歩くことから考えると、今まで近づけなかったところも自由に歩き回れるようになったことは、大きな愉しみとなっている。

霊仙山はヒルが跋扈する夏を除いてはよく歩いた。春をよぶ雑木林の緑の底抜けの明るさ、秋の鮮やかな彩りの奥に漂う寂廟感は、鈴鹿特有の風景観としてとらえている。それは深く刻み込まれた谷や山上に点在した、今はほとんど廃村となった集落群が、その心象に深く影を落としているのではないだろうか。

P86
岩ノ峰から急斜面を下ると、鈴鹿らしい雑木林の中に入った。葉の落ちはじめた林に差し込む秋の日差しが眩しかった
P87
霊仙最高点の東にある岩ノ峰から尾根は一気に高度を落とす。眺望絶佳のこの岩ノ峰に立つと、今歩いてきた緑ばかりの県境尾根と、これから辿るコザトに至る尾根が二本並行して延び、その向こうに烏帽子、三国、御池、藤原といった北部鈴鹿の主だった山々が重なっていた。この風景のなかに、縦走登山の悦びが表われている

県境尾根の谷山直下からみるソノド北方の山稜と、その向こうに広がる養老の山々。左遠く見る御嶽の山頂は、白く光っていた

長大な尾根と深く谷を刻んだこの山の、どこからどこまでを霊仙山としてとらえていいのだろうか。阿弥陀ヶ峰や谷山、コザトなどはこの山の一峰としてとらえることに異議は出ないと思うが、さらには男鬼《おおり》山塊もこの中にふくめてもいいのではないかと思っている。遠い昔、霊仙寺という山がこの山上にあったといわれているが、その支院となる七箇別院の多くが、男鬼山塊にあったと伝えられている。麓の広い地域にこの霊仙山を、心のよりどころとしていた人びとがいたというのは事実であろう。そうした人びとのつながりがいっそう、霊仙山という山を大きくしているのではないだろうか。

霊仙山頂からの湖東平野と琵琶湖

　そんな霊仙山の隅々まで歩いてみたいと思っていて、できる限りは歩いているつもりだったのだが、ひとつ大きな存在が抜けていた。それはこの山の東にある一峰の谷山から南に延びる、鈴鹿山脈の背骨というべき滋賀と岐阜の県境をなす、長尾とよばれる山稜である。

　二〇一七年の秋になってやっと、この鈴鹿脊梁の未通区間を歩くことができた。もともとこの尾根は忘れていたというわけではなく、避けていた、故意に遠ざけていたといってもよかった。というのも、霊仙山やソノドなどの付近の山から見て、この尾根が緑一色のほとんどが植林地の山稜とみていたからだった。歩いてもあまり面白くない尾根と思って敬遠していたからである。しかし未通区間とし

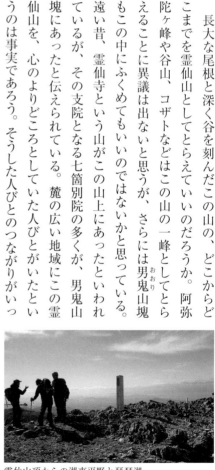

て残しておくにはあまりにも大きな存在だったので、とにかく片付けておきたいと思って行ってみたのだが、いざ行ってみると大きな思い違いをしていたことに気づかされた。やはり山は歩いてみないと分からない、これはどんなに小さな山でも当てはまることである。

県境尾根に植林地が多いことは写真を見ても分かるのだが、実際に歩いてみると、向かい合う白谷、藪谷を隔てて見る山稜は自然林に包まれている。折しも紅葉の盛りの時である。その想像以上の彩りを目の前にして、展望を肴にひとり黙々と歩いていると、まったく退屈もせず、好きなように歩を進めては眺め惚けた。最近は友と歩くことも多くなったが、ひとりの山もまたいいものだ。コースがコースだけに、霊仙山頂一帯以外ではだれにも出会うこともない静かな山に大満足。一日としてはかなり長い距離だったにもかかわらず、好天に恵まれたせいか疲労感もなく、縦走という山登りの楽しさをしみじみ噛みしめた一日であった。これらの尾根を歩き通せた充実感は、岩ノ峰からの眺望（87頁）に、そのすべてが表わされている。

●コースメモ

縦走登山の基点となる五僧峠登り口は、車でしか行けない。白谷左岸側の県境稜線（長尾）は、一部を除いてはすべて伐採・植林地であるが、植林地はまだ幼木のところが多くて、眺望が開けているのが救いである。向かい合うソノドの山稜はこの県境稜線とは対照的に、ほとんどが雑木の二次林の紅葉の美しい山であった。

白谷をはさんだコザトへと至る尾根は植林地と雑木の二次林が混在する尾根で、林道が横断しているが、人工物もそんなに気にならない尾根であった。コザトからは南東へと延びる尾根を下っている。この尾根は踏み跡がかなり下まで続いているが、白谷林道へと下る最後の斜面が急なので、よくルートを選んで下ることである。

2.5万分の1地形図／篠立・霊仙山・彦根東部・高宮

住む人のいない五僧峠に佇む石仏

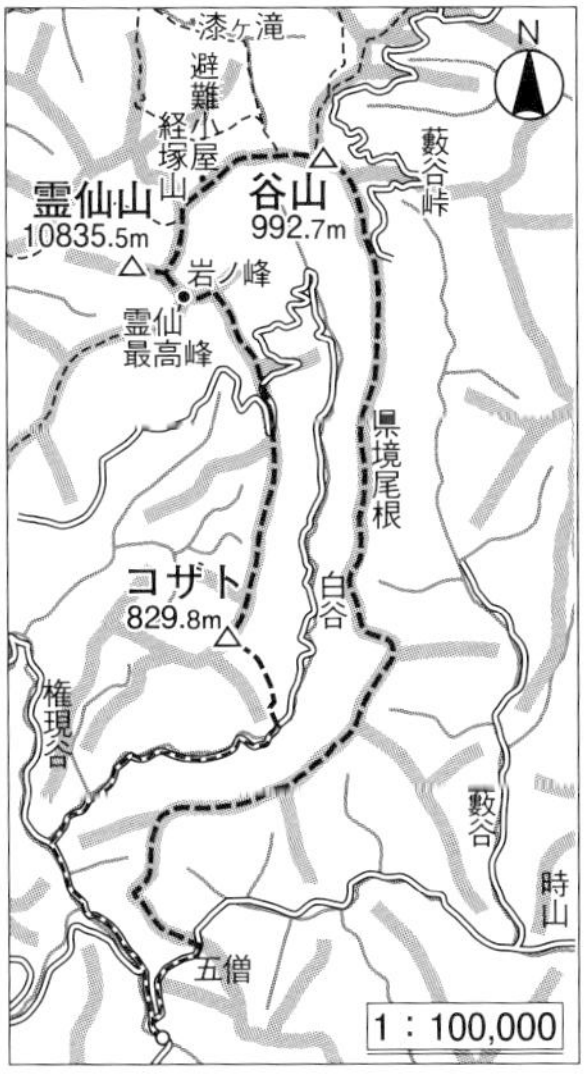

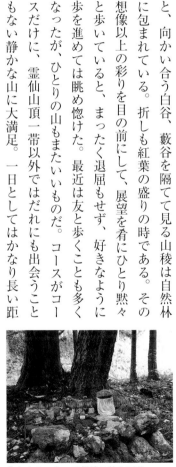

草川啓三の山 ⑤

越美国境 冠山

尖峰冠山、美しき雪稜を往く

山に登る人ならだれもが鋭く尖った山に魅かれることだろう。それがヒマラヤやアルプスのような大きな山でなく、冠山、蕎麦粒山《そむぎやま》、鎌ヶ岳のような、遠くから見れば、山並みからちょこんと山頂を突き出しているような低山であっても、その姿と出合えただけでうれしくなってくるのである。

殊に雪山で見るその姿は格別で、尖峰へと伸び上がる美しい雪稜を前にしたとき、雪山へのモチベーションはいっそう昂まるのである。千変万化する雪稜の柔らかなウェーブ、そしてその蒼き翳のグラデーションが、限りなく雪山へと誘いかける。

トンガリ山には人を引き寄せる力がある。

冠山を田代尾根から登った時、雪山の美しさを見せつけられた。研ぎすましたかのような鋭い雪稜、柔らかに波打ち張り出す雪庇、一歩一歩を踏み出すたびに表情を変える雪の尾根の美しさに、スノーシューの足跡を残すことさえためらわれるほどだった。こんなだれにも出会うことのない美しい雪稜に自分の足跡を印すというこの行為こそが、雪山登山の最大の悦びではないだろうか。

P90
冠山直下から北への支尾根にある独標 1059m の下り。東側が鋭く切れ落ちたピークを慎重に下って行く
P91 上
田代尾根から見る冠山の尖峰。見る角度によっては大きく姿を変える山である。下の写真の冠山とはその姿は大きく違う
P91 下
雄大な斜面を広げる冠山頂上直下の県境稜線。晴天の下、美しい雪稜を歩く悦びがこみ上げる

田代尾根から見る金草岳。小さく突き立てた三角のピークがい美しい

雪山登山の悦びを再び味わうようになったのはここ一五年ほど前くらいからだろうか。こんな年齢になっても雪山へ行こうという気にさせてくれたのは、山スキーとスノーシューである。雪山を楽しませてくれる素晴らしい道具のおかげだと思う。それに加えて、軽く快適になった衣類やGPSなどの、最新の装備によるところも大きい。

といっても登る山はほとんどが一八〇〇メートルくらい以下の、いわゆる低山と呼ばれている山ばかりである。しかし多くの人が登る一般的なコースを選ぶことはほとんどないので、トレースされていることはほぼなく、自分の力で登っていかなくてはならない。これはなかなかつらい。筋肉にかかる負担も大きく足がつることはしょっちゅうだが、それでも行こうという気力がわいてくるのは何なんだろうか。それはやはり雪山が見せてくれる美しさではないだろうか。

標高一八〇〇メートルくらい以下の山で雪がたっぷりある山域といえば、日本海側の山になる。草津に住む私が日帰りで行ける距離の山となると、近いところでは滋賀県の湖西、湖北の山から福井、岐阜あたりまで、北陸自動車道、東海北陸自動車道沿線の山で、江美《ごうみ》国境、江越《ごうえつ》国境、越美《えつみ》国境などと昔から呼ばれている、近江、美濃、越前の国境いの山々である。これらの山々は登山道がない山も多く、濃密なヤブがすっぽりと雪に覆われる積雪期は、山頂に近づけるチャンスともなるのである。しかしアプローチの自動車道自体が深い雪に埋もれるので、かなりの長丁場となる山が多い。

この冠山も積雪期は近づきがたい山で、しかも美しい尖峰と素晴らしい雪稜が続く山なので、昔からあこがれの雪山であった。友人の誘いにのったのだが、ルートを考えると自分に行けるのだろうかと考えさせられた。しかしまあ、考えても仕方がない。普段はネガティブ思考なのだが、不思議とこういう時はポジティブな方へと傾き、実際に行って歩いてみないと分からないと思う込むようにしている。

結局、天気、雪質、体調とすべてがいいほうに当たったようだ。一〇時間近い目いっぱいの行動に十分に耐えることができたのだが、そのモチベーションを保つことができたのは美しい雪稜を歩く爽快感であった。

県境稜線から分岐する後半の尾根は、適度なヤセ尾根が続き、それを乗り越えていく快感が、エンジンをフル回転させてくれた。冠山までの前半は雪が締まって快適に高度を稼げ、後半の尾根は適度に雪がゆるんで、スノーシューのままでヤセ尾根、急斜面にも対応できた。運に恵まれたとはいえ、会心の雪山歩きとなったことには、嬉しさが素直に込み上げてきた。

●コースメモ

田代第三トンネル出口付近に駐車して周回するコース。正味八時間三〇分のロングコースとなるが、これは雪が締まっていた時の条件下でのコースタイムである。冠平から頂上往復以外はスノーシューを使用している。冠山からの後半の尾根が長いので、冠山までの時間を考えて、周回か往復かのコースを決定したい。またその日の天候や雪質も大きく左右するので、ルート選択は慎重に考えたい。

冠山への登りに使った田代尾根は歩きやすい尾根で、冠平から頂上への往復はアイゼンに履き替えている。また県境稜線から下る尾根は、独標九九二メートルくらいまでヤセ尾根、アップダウンが続く。焼小屋山から最後の下りはヤブが出ていることが多いので、ルートをよく選んで下りたい。

2.5万分の1地形図／冠山

県境稜線からの部子山、銀杏峰と白山

様々に変化する雪稜の美しさ

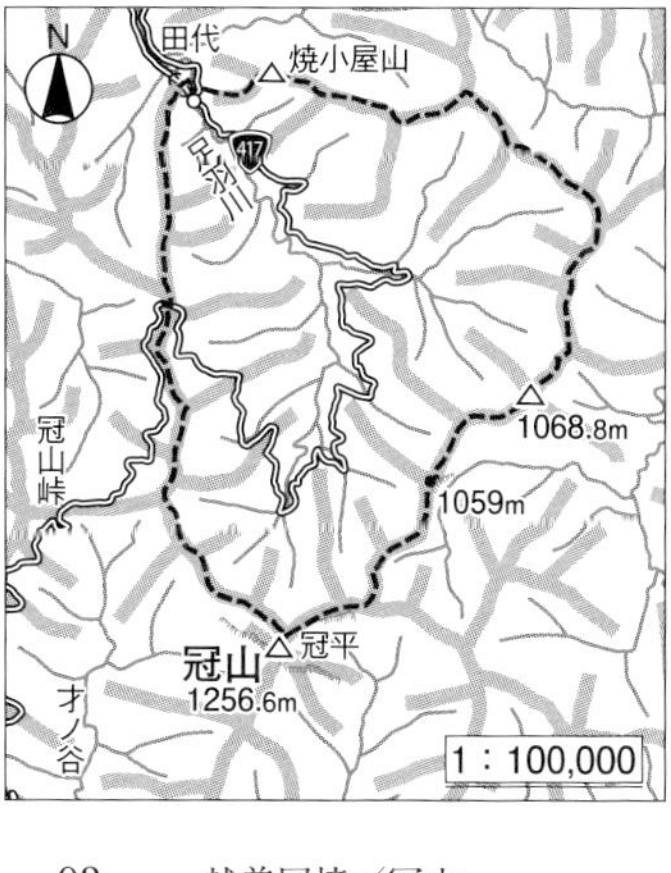

草川啓三の山 ⑥

台高山脈 マブシ嶺（尾鷲道）

重なる山と広がる海を眺め古道を辿る

大台ヶ原という深く険しい奥山と、熊野灘という大海原が広がる尾鷲の海とを結ぶ尾鷲道。一〇〇年の歴史を重ねた道である。

明治二三年に古川嵩《かさむ》は大台ヶ原の山中に分け入って修行を重ね、人々の信頼を得て神習教福寿大台教会をつくったのが明治三二年。この大台教会への参詣路として尾鷲の林業家、土井輿八郎が大正四年に拓いたのが尾鷲道だという。牛石《うしいし》ヶ原の御輿懸けの岩に立つ神武天皇の銅像も、多くの人の協力によって、重量四五トンという像を、人力で尾鷲道から運び上げられている。

この山中にはもともとさまざまな理由で山へと分け入った人たちの道があったと思われるが、海から深い山へとつなげた雄大な道には、多くの人を引き込んで協力を獲得した、古川嵩の人間性の深さ、大きさにもつながる道のようにも思える。

こんなスケール大きな古道をちょっぴりでも感じ取りたいと、ズルをして林道を車で上がり、本当にいいトコだけを見てきたという一日だったが、その海と山の眺望はまさに圧巻であった。

P94
木組峠からマブシ嶺へと続く尾鷲道は山腹に続く道だった
P95 上
マブシ嶺山頂からの眺め。片方は山また山、もう一方は大海原が広がるという、圧巻の大展望であった
P95 下
中ノ嶺への登りから東ノ川を隔ててみる山稜。刻まれた険しい谷々からは、大台ヶ原のスケール大きさ、深さに呑み込まれそうになる

新木組峠から中ノ嶺へと登る明るく開けた稜線には、ブナの老木が点在していた。ブナ林は生き残っていけるのだろうか

台高山脈は険しくて深く、そして近くて遠い、近畿という身近にある山域であるのに、近寄り難い山だった。標高三〇〇〇メートルの山にも匹敵するような大きく険しい谷は、沢好きだったにもかかわらずほとんど入ったことがなかった。大阪わらじの会の記録などを読んでいたが、私にとってはとても近づけない神々しささえ感じるような、谷の神域という雰囲気を感じていた山だった。

近頃になって伊勢道や紀勢道といった自動車道路が整備されるようになってくると、日帰りでも台高の高に当たる高見山周辺へは行きやすくなり、早出をすれば大台ヶ原周辺へも滋賀県から行けるようになってきた。この年齢になればもうとても大台の谷へと入ることはできないが、せめて尾根の上からでも大台ヶ原の山々を見てみたいという思うようになった。

大台ヶ原は険しく深い山だが、明治に入ってから伐採の手が入り、谷深く、山上高く、林道が延びている。そして山に生きてきた多くの人たちが歩いた道があり、尾鷲道もそんな道を辿り、つくりあげられたのではないだろうか。この道は大台ヶ原山上にあった大台教会への参詣道というが、古川嵩はまさにこの深い自然の中に神の気配を感じたのであろう。

いま手もとに仲西政一郎さんの、実業之日本社のブルーガイドブックス『大峰・大台・奥高野』昭和四五年版がある。ここに尾鷲道のことがふれられている。「銚子川から大台ガ原」への案内には「交通不便のため知るものはきわめてすくない。わずかに支谷の一つ、古和谷ぞいの林道が木組峠越えの登山路として知られるだけだ」と書かれている。このコース案内では不動谷の清五郎滝横から取り付いて谷通しか、廃道となった破線路から木組峠へと登るように書かれている。現在では、この破線路あたりに林道ができていて、木組峠へのルートとして使われている。古和谷ぞいの林道から又口辻、木組峠に至るのが尾鷲道であり、当時、木組峠から大台ヶ原は夜でも歩ける楽な道と書かれている。

奥深く延びた林道を水無峠まで登り、その先のゲート前で車を停めた。この林道の終点まで歩いて光山から木組峠に至って尾鷲道に出ると、尾根の斜面を行く道に尾鷲道の道標がある。あたりの樹林は落ち着いてはいるが、伐採後の林である。

マブシ峰のガラガラの大斜面を登ると山頂に出て、尾鷲湾から先に広がる熊野灘が銀色に光っていた。反対の東ノ川の深い峡谷を挟んだ山稜は、竜口《りゅうご》尾根からの又剣山《またつるぎやま》、知らない谷、知らない山ばかりであり、この一年前、加茂助谷ノ頭を歩いて初めて知った世界である。

木組峠へ戻り稜線通しに中ノ嶺への登りから、目の前に見る荒谷山の迫力と、その後ろに限りなく重なる山並みに圧倒された。

●コースメモ

尾鷲道は長い間廃道となっていたが、復活されている。奥深い山だけに歩く人は少ないが、要所に道標が設置されている。古和谷分岐より下部は歩いていないので分からないが、稜線部分は道もしっかりとしていて、迷うようなところはなかった。尾根上はブナ林も残されているが、二次林や裸地が広がっているところも多く、眺望がすばらしいコースである。

日帰りでは、水無峠の先にあるゲートから林道終点まで歩き、光山、木組峠、マブシ峰、中ノ嶺、地蔵峠と周回する場合は、マイカー利用となる。紀勢自動車道尾鷲北ICから国道四二五号、県道七六〇号を経て林道へ入る。林道は大半が舗装されていて問題はない。

尾鷲道は大台ヶ原山上から堂倉山あたりまで往復するか、ここに書いた木組峠を中心にして、日帰りで歩く人が多いようだ。

2.5万分の1地形図／河合・引本浦

地蔵峠の巨木の根方に祀られた石仏

山を辿り、そして私を辿る

中西さとこの山

Nakanishi satoko

右上から
湖北／ブンゲン
野坂山地／三十三間山南尾根・大根山
湖北／江越国境上谷山
比良山地／栗木田谷

左
越美国境／三周ヶ岳

日々望む山から始まる旅

中西さとこ

一九六八年神奈川県生まれの千葉県育ち。

二〇〇一年、旅先で知り合った夫と京都での暮らしを始める。二〇一二年高島市へ移住。

ここではないどこかを想像して遊ぶのが好きな子供だった。山に出合ったのは小学校高学年の時、家族で訪れた八方尾根だった。足元には可憐なお花畑、見上げた先は怖いくらいに尖った不帰嶮、想像の「どこか」を超えた美しい世界の存在に衝撃を受けた。それからは母の山の写真集を眺め、この山あの山を歩く私を想像して遊ぶようになった。地方の大学に進学し、夢見た山々の一端に立つと、足元の先に広がる世界の広さにゾクゾクした。

二〇代後半から一〇年程は、「どこか」で私と同じ瞬間を生きる人の暮らしを感じたくなり、予定を立てず地図を見ては目に留まった、アジアやアフリカの田舎を巡る旅が続いた。

三〇代半ばに予期せぬ病気を発症し入院。退院後半年の投薬治療中に図書館で金久昌業著の『北山の峠』（ナカニシヤ出版）に出合い、私が暮らす地の周りの山々への旅が始まった。

地図を見つめ集落と集落を結ぶ道を想像する。道を歩いた人々に思いを馳せる。古道を辿る小さな旅は、遠くアフリカの大地を歩いた日々の私の鼓動を感じ、山中の埋もれた道、暮らしの痕跡から浮かぶ光景は、私の見たインドやネパールの山の暮らしと重なった。どこかを想像しあちこちを歩いて感じてきたものは、すぐ近くの山に包容されていた。

麓から見る木々で覆われた小さな山にも世界が凝縮され、分け入ればその世界の無限の広がりに、しばしの間呆然と佇む。気になる尾根や谷を辿る途中、かつてここで今日を生きた人の痕跡に出合うと、小さな人間の確かな営みの重さに胸が熱くなる。その延長上に今の私が在るのだ。

高島から望む山、その向こうさらに連なる山を想い日々を送る。山に広がる世界、私の中に広がる世界を感じる旅は、私という存在を辿る旅でもあるのかもと、ふと思う。

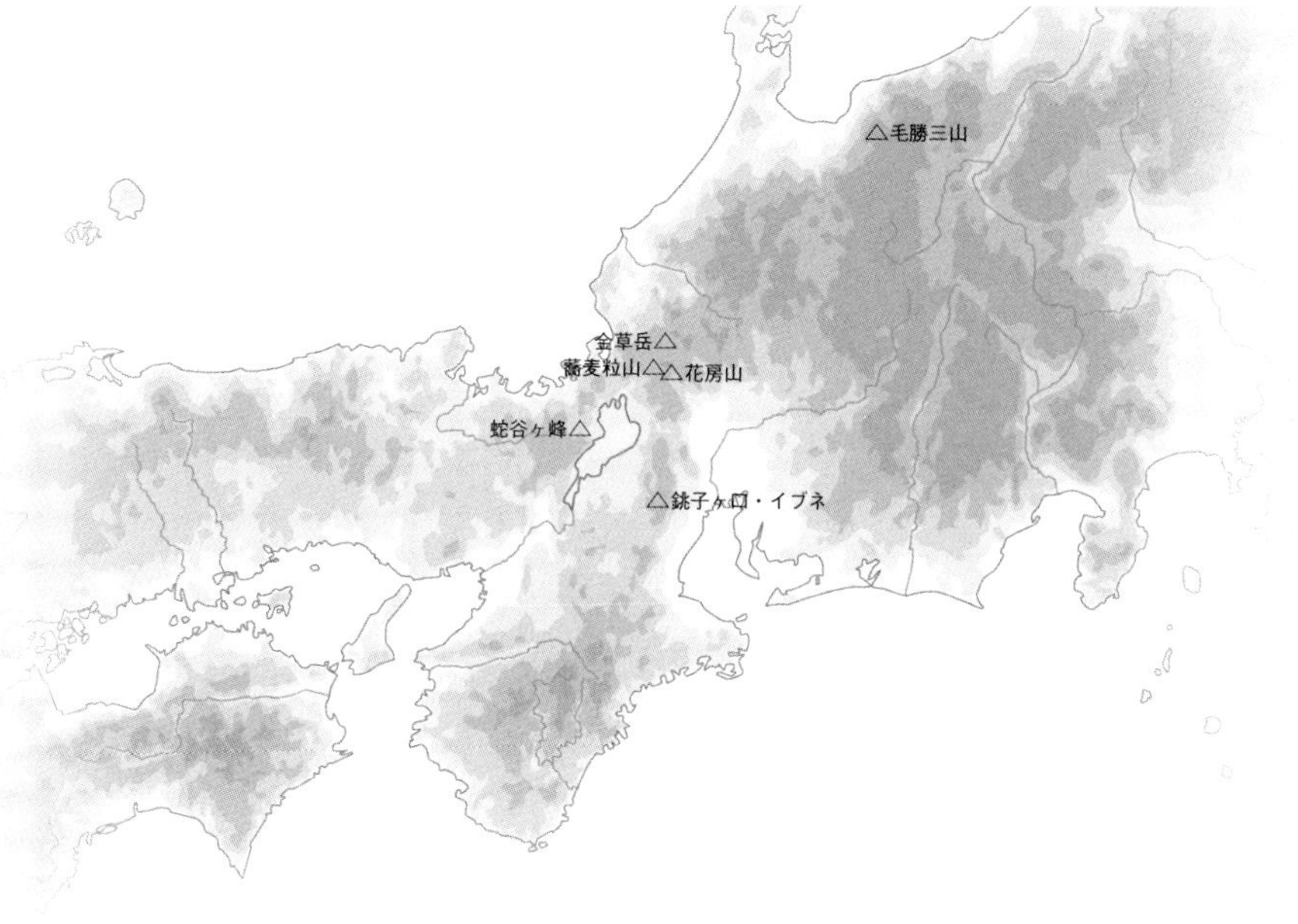
△毛勝三山
金草岳△
蕎麦粒山△
△花房山
蛇谷ヶ峰△
△銚子ヶ口・イブネ

中西さとこの山①

越美国境
金草岳

夢は限りなく

　雪の伊吹山に立つと、はるか遠く純白に輝く白山まで続く山並みに思いが募る。伊吹山北尾根から岐阜県との県境稜線を辿ると滋賀、福井、岐阜の三県境、三国岳に届く。岐阜県境稜線はさらに白山一ノ峰二ノ峰へと延びる。稜線には幾多の峠があり、時代時代に様々な人が様々な目的で山を越えた。谷の奥には木地師や落人が暮らしたと伝えられる地もある。一つひとつの山の大きさ深さにため息をつく。いつか歩けなくなる日まで江越、江美、越美国境稜線の山々をちびちびと歩くのだろうなと感じる。

　金草岳は何度でも訪れたくなる山だ。尖峰冠山と対に、ずっしりと落ち着いた佇まいに魅かれる。山名の由来は夕日に光る笹原の風景を想像したが、鉱物の屑「金糞」の転化といわれる。山頂に至る稜線には冠山峠、桧尾《ひのきお》峠、高倉《こうくら》峠があり、越前と美濃徳山の人びとの交流の歴史が積み重なる。岐阜県側は皆伐されたが、廃村楢俣《ならまた》から桧尾峠の山中には美しい日本海型ブナの原生林が広がる。趣のある谷、鋸の歯のような尾根も見られる。山頂に立つと次はどのルートを辿ろうか？　早くも妄想が始まる。

P102
秋の金草岳。山頂からの桧尾峠への道
P103 上
金草岳へはすばらしい眺望の稜線歩きが続く
P103 下
越美国境稜線は進むごとに様々な美しい表情を見せてくれる

金草岳山頂からの展望。桧尾峠から楢俣に至る尾根の奥に、部子山が大きく見えている

車のライトが雪を照らした。これ以上進むのは無理だ。まだ瀬戸集落の外れ。さてどうしようと考える。

今日は林道塚線からくずれ谷左岸尾根に取り付き、南越前町と池田町の境の尾根に乗り金草岳へ。その先、越美国境稜線を高倉峠まで辿り、下る予定だった。林道は芋《いも》ヶ平《だいら》まで除雪されていると思い込んでいたので、長い雪道歩きを思うと私の足で夕方までに戻れるのか自信がなくなった。周りの女性に比べても歩幅の狭い私は林道を歩くのが遅い。越美国境稜線を歩き、芋ヶ平と高倉の二つの廃村も見ようというのは、欲張りな計画だったのかもしれない。同行の夫には申し訳ないが高倉からの往復にしてもらう。

芋ヶ平も高倉も木地師が暮らした村だ。ここに暮らした人たちはどこから来たのだろう、なぜこの地を選んだのだろうと想像が膨らむ。山奥に暮らす木地師は川の下流から上流に移動したのではなく、山を越えて移り住んだという。正確な地図もなく情報も限られた時代に、延々と山を越え辿り着いた人々の足取りを思うと、私の遊びの山歩きがふと恥ずかしくなる。高倉谷の林道脇に駐車して歩を進めるが、植林の中の道は寒々しく、暮らしの痕跡に気づかぬうちに峠への取り付きに着いてしまった。高倉峠道は一四〇〇年代から木地師が行き来した道、また日本海の塩を徳山へ運んだ道だ。かつての道は分からず尾根を辿るうちに峠へ出た。

春霞の中、柔らかな陽射しを受け白く輝く奥美濃の山々が眼前に広がり、なだらかな稜線の先には金草岳が静かに佇む。ぼんやり霞んだ幻想的な風景に夢心地でずっしりした峰へと近づいていく。
何度かの登り下りの後、ひと登りして白い台地に出る。雪に覆われた山頂は滑らかに輝き、時が止まったかのような静けさだ。お坊様を担いで越えた桧尾峠道を眺めると、美濃檀家廻りのルートを辿る旅が頭に浮かぶ。向きを変え歩く予定だった尾根を眼で追った。来シーズンが楽しみだ。
去り難いが山の神様に挨拶をして来た道を戻る。時間に余裕ができたので高倉峠の手前のピークから尾根伝いに駐車地を目指して下った。標高六五〇メートル辺りまでは快適だったがその先は踏み抜きと、ヤブに手こずった。尻餅もつき車に着いた時は泥だらけ。でも心はきらきらした思い出と夢で輝いていた。

●コースメモ

高倉峠へは今庄の瀬戸からのアクセスになるが、除雪が行われないのでどこまで車で入れるかは雪の状況による。車の場合は林道の路肩に駐車することになる。

残雪期、高倉谷から高倉峠へは、地形図の破線道ではなく尾根通しの方がよい。峠から金草岳へは快適な稜線が続くが視界の悪い時、ルートを外さないよう注意。

帰路は駐車地に向かおうと、・一〇四七メートルから北西に伸びる尾根を伝い・五五二メートル経由で下ったが、・五五二メートル付近のヤブがうるさくて時間を取られた。

楢俣から桧尾峠への道は、谷、ブナ林、笹原と変化に富んだ山歩きを楽しめる。

2.5万分の1地形図／冠山・古木

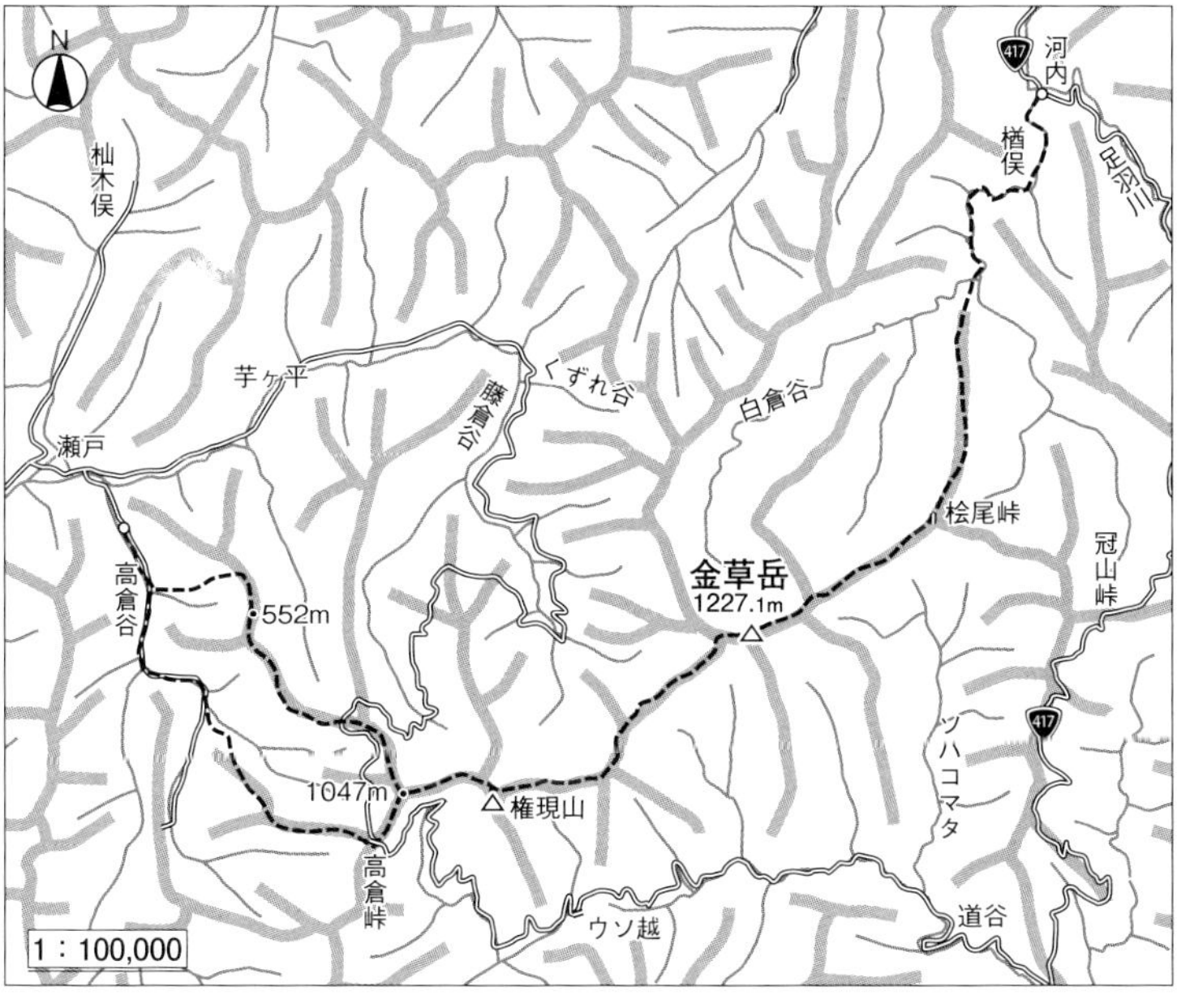

中西さとこの山 ②

奥美濃 花房山

地図から浮かんだ私の物語への旅

地図を広げ山や谷、村の名前を眺めていると地名の由来に興味がわく。そしてその山の風景、麓の村の暮らしを知りたくなる。眺める山域は湖西湖北、奥美濃が多い。山と人とのつながりが深く、様々な人が様々な目的で山に入り峠を越えた歴史がある。幾重にも重なる山並みには人びとの歴史もまた重なる。

山名は物語という空想遊びの世界へいざなう。美しかったり不気味だったり頭に浮かんだものをつなぎ合わせると、とんでもない物語が出来たりする。想像した山をドキドキしながら実際歩いてみると、違う空気を感じることも多々ある。それがまた楽しい。

一枚の地図から空想の旅が始まる。等高線や記号が紙から飛び出して頭の中に描かれ、風景や物語が浮かび上がる。そして空想の旅は次の旅へと続く。歩く旅、本の旅、新たな空想の旅、その時の心次第、自由な旅が続いていく。

優雅な響きの花房山。名の通り美しい佇まいの山だ。登山道もあり地元の方の山への愛情を感じる。山頂には三等三角点があり点名は「水飲」という。私の中に「水飲」の物語が広がった。

P106
「水飲」の地点。上流からの水がここで伏流して地中に飲まれる
P107 上
東前の谷の下部。大きな苔むした岩が印象的な趣きのある谷
P107 下
「水飲」からさらに登ると再び流れが活発になり滝が続くようになる

東前の谷の等高線の間隔が広がる平坦地は、トチの大樹が立ち並び、その大きな葉は太陽の光りを受けて輝いていた

旧藤橋村東杉原に車を走らせると、誰かの夢物語を再現したような光景が待ち構える。彦根城天守を模しているという張りぼての城。揖斐川に架かる奇妙な橋。ロンドン橋をもじりどんどん橋だとか。欄干には河童の像。揖斐川の淵に棲んでいた河童伝説にちなみつくられたようだが、別の世界からの闖入者のように感じる。寂寥感漂う山村の風景に敵対心を見せるような建造物は、何度見ても頭が混乱する。

登山口に車を置き歩き始めると、私の花房山「水飲」の世界へのスイッチが入りほっとする。「はなぶさやま」という優雅な響きに魅かれ、隣の小津権現山から眺めた美しい山容にうっとりし、実際に歩いて増々好きになった山だ。今回辿るのは東前の谷。『福井の雪山』（ベルグラ山の会）の記述を読み興味を惹かれた。地形図を見て、細い谷を遡った先の平坦地、そして点名水飲の風景が頭の中に広がった。期待感に胸を高鳴らせ入渓する。「はなぶさやま」の響きからは離れた、大きな岩がゴロゴロと続く力強い谷が迎えてくれた。よいしょよいしょと岩を乗り越えていくと、次第に水の流れは細くなり伏流した。標高六四〇メートルから七〇〇メートル付近のガレ記号は心配性の私の想像力がおかしくなった。

この先の等高線の間隔が広がる待ち兼ねた平坦地は、想い描いた風景を超えた世界が展開していた。トチ、トチ、トチの森！　見上げると太陽の光を受け、きらきら輝く七葉の隙間から澄んだ青空が覗く。新緑の頃、枝先に小さく紅の入った白い花を鈴なりに付けた房が、空に向かい立ち並ぶ光景を想像する。トチの花に包まれた花房山の美しさに身震いする。森の散歩道のような風景の中を進むと、木漏れ日に反射してきらきら光る水の流れが見えた。点名「水飲」の由来の地だ。

東前の谷の下部。

●コースメモ

登山口に数台の駐車スペース有り。東前の谷は沢登りとなるので、沢装備一式が必要。途中伏流地帯は読図に注意。上部の滝は人によっては確保が要る箇所も。最後の詰めはヤブ漕ぎのセンスの見せどころ。

下山の登山道は標高七〇〇メートル辺りから尾根上にモミの大樹が点々と並ぶ。尾根を境に植林と二次林の斜面が続き、モミの木の大樹が残されたことが分かる。

雪の季節は西峰から山頂のヤブが隠れ、白く美しい尾根が山頂に延びる。樹林帯のやせ尾根の通過に注意。

2.5万分の1地形図／美濃広瀬・樽見

上流からきた水が足元の石の隙間へと吸い込まれていく。「山が水を飲みこむ！」この瞬間水飲の主語が変わった。想像の風景と目の前の風景が融合し、私の水飲の物語は一段落した。

流れが強くなり滝が現れた。気持ちを引き締め越えていく。再び水の勢いが穏やかになると、風景は森から灌木とササに移りやがて目の前が緑で塞がった。尾根に乗るまでヤブ漕ぎになる。隙間を探し進んでいると、考えていたラインより東にそれてしまいほぼ山頂にポンと出た。夢から現実に戻った感覚だった。鬱蒼とした夏の山を目で追う。緑の中ぽっかり開いた深い淵のような徳山ダム湖が一際目立った。本郷、下開田、上開田、山手、櫨原、塚、戸入、門入の徳山村全八村の消滅と引き換えにできた総貯水容量日本一のダム。深く青い水は奥美濃の山の涙が溜まったようだ。百年後、二百年後ここに立ち景色を眺める人は何を思うのだろう。

地形図「美濃徳山」は絵具をこぼしたかのように水色が広がる。水色の下の風景を想像するのだろうか。もはやダムは風景に溶け込んでいるのだろうか。手元の湿った地形図のコピーを眺めると、頭の中にあらたな花房山の物語、奥美濃の物語が浮かんできた。

一枚数百円の地図は飽くことのない想像の世界、考える場を与えてくれる宝箱だ。いつもは急ぎ足になってしまう登山道の下り。今日は地図で確認しながら下ろう。見落としている宝物に出合えるかもしれない。

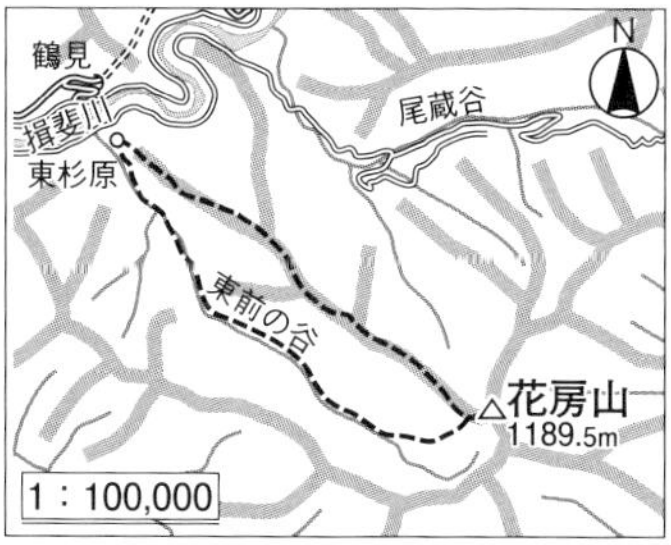

中西さとこの山 ③

奥美濃
蕎麦粒山

心を釘づけにした尖りへ

尖った山に魅かれる。近くの山歩きに幸せを感じつつも、槍穂高、剱を拝みに毎年出かけてしまう。なぜ尖峰に魅かれるのだろう。山に登らない人をも魅了する鋭く尖った峰々。私たちが感じる美への情景と畏れは普遍性が備わるのかもしれない。

高島に越してきて間もない頃、琵琶湖の向こうの山々の間から突き出る、白く輝く小さな三角錐の峰に目が釘づけになった。揖斐川町の蕎麦粒山《そむぎやま》と知る。わが家からは八草トンネルを抜け、坂内広瀬の集落から林道に入り取り付くことができる。八草《はっそう》、坂内は、山村の暮らしに興味を持つきっかけとなった宮本常一の著書の一冊『ふるさとの生活』の最初の項に書かれている村で、訪れてみたい地だった。

雪の落ち着いた三月、憧れの尖りに立てた。山頂は冷たく美しい雪庇で飾られ、その先には白い山が幾重にも重なり、未知の尾根や稜線を歩く私を想像した。以来、蕎麦粒山を見るたび、夢のように美しい雪庇の山頂、そして奥美濃との出合いの瞬間が甦る。心を虜にした尖峰は、私を終わりのない旅に導いてくれた。

P110
凛々しくそびえる小蕎麦粒山。鞍部まで下った先の登りからスノーシューにピッケルの装備で歩いた
P111 上
「尖り」のてっぺんに
P111 下
小蕎麦粒山先の大岩。雪の状態に注意

黒津山からの下り。白く輝く峰々の中に飛び込むようなワクワクする下り

旧坂内村と旧徳山村の境に位置する蕎麦粒山。旧村境の稜線には小蕎麦粒山、五蛇池山《ごじゃいけやま》が並ぶ。あの美しい雪庇に出合って以来、次は五蛇池山から村境の稜線を歩き、尖りに近づこうという思いを温め、さあ行こうという日がやってきた。

坂内広瀬のスキー場跡地の少し先から雪が出てきた。路肩に車を停め、取り付きやすそうな斜面を探しながら歩いていく。森本次男の『樹林の山旅』で「沖積地帯は利用し得る限り田や畑に、それに沿うた急な山腹は稲田の肥料と牛馬の食糧に、雑草が美しく刈り取られて絵の様に美しい。」と書かれた大谷川沿いの風景は、今は荒地、山腹は植林が続き薄暗い。・九七〇メートルに延びる尾根を登ることに決めた。雪解けの斜面はぐちゃぐちゃして歩きにくく、雪の上はズボズボと足が潜る。「もう少し早い時期に来たらよかったか。」ため息が出る。標高七〇〇メートルあたりで雪がつながり、スノーシューを履く。ここからは美しい世界への門のように行く手を遮るしゃくなげや、尾根をふさぐ大きな岩が現れ、越えるたびに高揚感が増す。ブナに囲まれた・九七〇メートルに着く頃には気分は上々だった。

何度も振り返ってしまう素晴らしい稜線が続く。つるりとした雪原のアラクラの山頂はこじんまりと居心地がよく、オレンジ色のプレートがかかったブナの木の向こうに広がる白い山々をいつまでも眺めていられそうだった。

五蛇池山はひとつ前の黒津山より地味な山容だが、地元の人々にとっては大切な山だったのだろう。山頂付近には五つの池があり龍神様が祀られていたという。一五〇〇メートルほど下った小蕎麦粒山との鞍部は、坂内村広瀬と徳山村戸入を結ぶ峠道が横切っていた地点。澄みきった青空、たっぷりの雪で柔らかに丸みを帯びた森、鳥のさえずり。長閑で平和な風景は今が永遠のように感じ、過去が存在したという事実が夢のように感じる。

凛々しくそびえる小蕎麦粒山が眼前に。憧れの蕎麦粒山は角がとれ控えめに佇む。ストックをピッケルに持ち替え急斜面を登る。青と白二色の景色。登りきると視界が広がった。白く輝く尖りは？　なんと小蕎麦粒山から見る蕎麦粒山はいじけたように右に傾きずんぐりとしていた。ツンと澄ました蕎麦粒山の秘密の表情を見たようだ。この先どう姿を変えるのか楽しくなる。大きな岩の上の芸術的な形をした雪庇が待ち構える。刺激を与えぬようそろそろと越え、持参したロープを木に回し岩の隙間を降りる。

夢見た尖りの雪庇の真下に来た。急く気持ちと戸惑う気持ちが混じった一歩を刻んでいく。

尖りのてっぺん。来し方を振り返ると、歩いてきた確かな痕跡が続く。すぐに足跡は消えてしまう。でも私の心へと続いた足跡は残り続けるだろう。これからは蕎麦粒山を見るたび、美しい雪庇に刻まれた私たちの足跡が目に浮かぶのだろう。

●コースメモ

アプローチの大谷川林道は、積雪期は旧遊らんど坂内スキー場の駐車場あたりまでは入ることができるが、積雪状況によって変わる。

五蛇池山までは困難な箇所は無い。小蕎麦粒山への登りは急傾斜なのでピッケルが必要。小蕎麦粒山を下った先の大岩の通過が核心部。私たちはスノーシューを履いたままロープを使い岩の隙間を降りたが、雪の状態により通過箇所を選ぶ必要がある。

蕎麦粒山山頂付近の雪庇の状態に気をつける。湧谷山との分岐からの下りも枝尾根に注意。

雪質により装備が変わる。スノーシューかワカンの他に、ピッケル、アイゼン、ロープは必携。積雪期の所要時間は雪の状態で大きく変わる。

2.5万分の1地形図／美濃広瀬

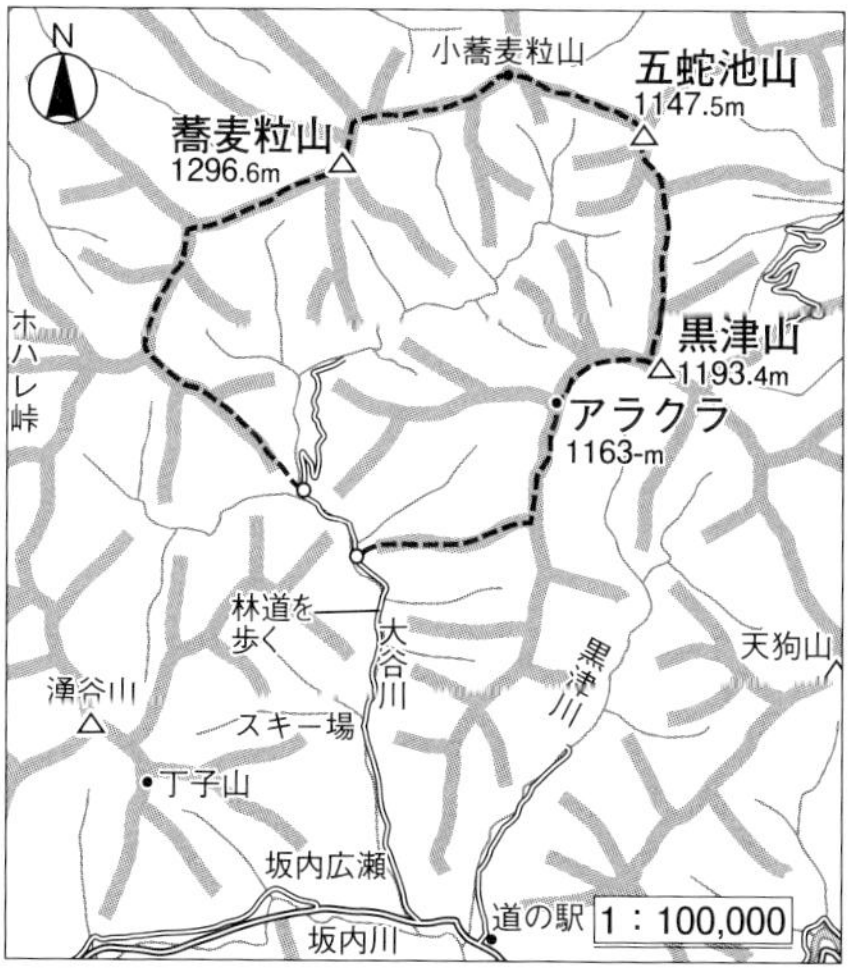

中西さとこの山 ④

北アルプス 毛勝三山

神の峰々を感じる至福の二日間

二〇代の頃、幾度となく訪れた白馬岳。稜線に立ち富山側を望むたび、気高く屹立する剱岳の北の丸い三つの峰に目がとまった。毛勝三山だ。猫又山、釜谷山、毛勝山、柔らかな山並みとは不釣り合いの不穏な響きの何かありそうな山名。美しい山並みだが、どんな山なのだろう…。興味は湧くが頭の中の歩きたい山リストに仕舞われたまま二〇年以上たった。

高島に越してきて、以前は遠くに感じた北アルプスの富山側が、「私の山旅」で意識する山域の一つになった。頭の中には剱岳北方稜線が描かれている。宇奈月から剱岳まで延びる壮大な稜線上に毛勝三山が並ぶ。再び気になる山になった。

ある夏、剱岳に向かい富山市内を車で走っていると、空を覆っていた雲が流れ剱立山連峰と北方稜線の峰々が姿を現した。四角い建物が並ぶ街のすぐ背後にそびえ立つ、霊峰の圧倒的な大きさ、神々しさに言葉を失い、路肩に車を止めてただただ眺めた。神の峰に祈る人、峻嶺に向かう人の想いに触れたような気がした。毛勝三山は名前からも麓の人々が見つめ続けてきた山なのだろう。毛勝への想いが募っていく。

P114
猫又山頂上のお地蔵様。奥に釜谷山と毛勝山
P115 上右
2151 メートル付近。毛勝山が大きくそびえる
P115 上左
釜谷山へは巨大雪庇が待ち構える
P115 下
神の峰、剱岳に向かって稜線歩きが始まる

二日目の朝の出発の時。剱を見ながら猫又山へ

朝のまだ陽の差し込む前の川底の道は、寂し気で落ち着かず足取りが速くなる。眼下を流れる片貝川《かたかい》は日本屈指の急流河川。「片貝」とは「片狭」片側の峡谷の意味という。冷たい川音が山間に響き渡る。

さあ山道が始まる。この数年四月末や五月の連休明けに毛勝三山縦走を計画するも、前年は雪の状態不良、その前は二年続けて天候不良で諦めていた。予報では明日の昼頃までは天気は安定。今回は期待できそうだ。やわらかな緑の木々の出迎えに心が和み、林床の名前の知らない草木のいろいろな形の葉の可愛らしさにうっとりする。春の喜びに満ちた新緑の世界は、登るにつれ芽吹きの世界、そして白い世界へと移る。先は長いが谷向こうの僧ヶ岳、駒ケ岳の貫録ある姿に励まされる。次は僧ヶ岳から毛勝山縦走かなと思いが膨らむ。

モモアセ山を過ぎ急斜面を登ると二一五一メートルのピーク。白く輝く毛勝山の大きさに息を飲む。今日は帰らなくてよいのだ。一歩一歩を味わいながら青と白の境に近づく。風が頬をたたきつけ足が軽くなると同時に剱岳が目に飛び込んだ。頂上だ。東の空には後立山の峰々が立ち並ぶ。白馬岳から毛勝三山を眺めていた若い頃の私を思い出す。年を取っても好きなこと魅かれるものは変わらないのだなぁとおかしくなる。雪原の中、お地蔵様が安置されている周りだけ土が出ていた。麓の人びとの山を見つめる眼差しの熱さで雪が解けたのだろうか。

剱岳に向かい大パノラマの素晴らしい稜線歩きが始まる。大きな波のような雪庇に、この地方の雪の多さ冬の厳しさを感じる。釜谷山を越えると極上のキャンプ地に出合えた。日が暮れるまで北アルプスの峰々を眺め、満天の星空の下で眠

●コースメモ

残雪期、県道一三二号は片貝第四発電所まではアクセス可能。駐車スペース有り。それより奥に進む場合は状況による。

雪崩の落ち着く四月末から五月上旬頃は、毛勝山は毛勝谷往復の日帰り登山者が多い。三山縦走の場合途中テント泊となる。幕営適地は少ないが、天候が穏やかな日は釜谷山山頂南直下の窪地がよく、ここからの眺望が素晴らしい。猫又谷への下りは二一八〇メートル辺りから下るのが安全だと思うが、状況による判断が必要。林道へと降りるタイミングも、標高一〇〇〇メートル辺りからが林道へと出やすいが、ルートファインディングが必要。

林道南又線の途中には天然杉の巨木、洞杉が見られる。周辺の山中に大小合わせ一二四本が確認されているという。

2.5万分の1地形図／毛勝山

りにつき、夜明けの刻々と変わる空の色を見つめた。山上に広がる夢のような世界を麓の人々は想像したのだろうか。

猫又伝説のある猫又山へ登る。やはり山頂のお地蔵様の周りの雪は解けていた。ブナクラ峠への下りは神の領域への入り口のようだ。私の思考を超越した世界が手招く。雲が湧き始めた。「日常に戻るのだ。」体の向きを西に修整する。

雪で埋まった猫又谷を下り林道に出る。途中蛇石という伝説の石があり雨乞いの神事の最中だった。毛勝山の「けかつ」は「飢渇」の転化とも言われる。麓の人々は不足になると鍬を担ぎ毛勝谷に入り雪渓を崩したそうだ。

麓の人々の山への眼差しと、登山という遊びの中での私の眼差しは同じではないだろう。それでも神の峰々への揺さぶられる想いは時空を超え、人の心に宿るのものなのだろう。リュックの重さが肩に食い込む。心の中は「至福の時」の思い出で満ちている。もう少しで終わる背中の重さが名残惜しくなる。感慨に浸りながら歩いていると、ぽつんと主の帰りを待つ愛車が見えた。

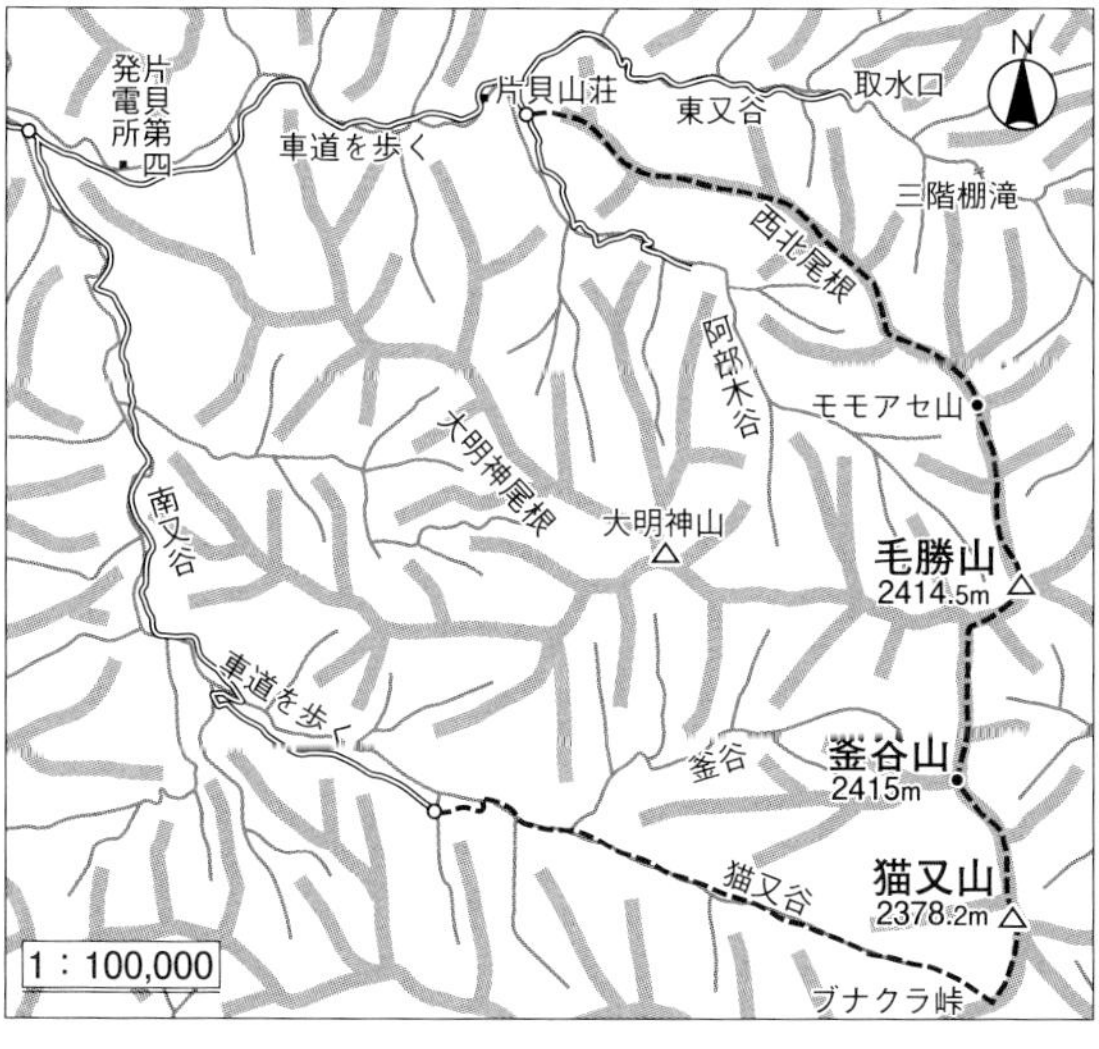

中西さとこの山 ⑤

鈴鹿山脈
銚子ヶ口・イブネ

見えない声を感じに

鈴鹿の山はロープウェイで登れる御在所岳のイメージが先行していた。京都や大阪北部の地味な山に魅せられていた頃、鈴鹿セブンと呼ばれる山をちょこっと歩き、人気のある山なのだなぁという印象だった。気になり始めたのは滋賀県民になってからだ。

空気の澄んだ日、琵琶湖と鈴鹿の山並みを眺めていると滋賀で暮らす幸せをとしみじみと感じる。私の目に写る風景の細部を知りたくなる。

鈴鹿山脈は総延長約六〇キロ。古くから人とのつながりの深い山域で、伊勢と近江を結ぶ峠道や山中には数々の歴史、伝承が残る。気候や地質の影響により生物相は複雑、植物は一八〇〇種以上が確認されているという。鈴鹿に関する書籍も数多く、そのページをめくるごとに鈴鹿の奥深さに魅了されていく。

本を胸に繰り広げられた鈴鹿の山の断片を辿りながら歩くと、登山道からの風景も今までと異なって見えてくる。長い長い山と人との歴史、変わりゆく自然を肌で感じる。鈴鹿の山からこの地方で暮らした人びと、そして日本、アジアの山に生きる人びとへと思いが募っていく。

P118
水舟の池。植林されたスギが大きくなり、池の周りだけぽっかりと明るい
P119
雨乞岳を前にイブネの山稜を進む。かつてのササの海は苔の絨毯に

銚子ヶ口への登りの植林帯に炭焼き窯の跡があった

初めて訪れた鈴鹿の山は雨乞岳だった。武平峠に車を置きクラ谷道から雨乞岳、杉峠、コクイ谷と周回した。五月の日曜日で山頂は沢山の登山者で賑わい、ゆっくりと味わうことができなかったが、その先で目にした御池鉱山とコクイ鉱山の跡が印象に残った。

漂泊の民に惹かれる。その土地に根を張り生きる人がいる一方、各地を転々と移り暮らしてきた人びと、そう暮らさざるを得なかった人びとの存在。日本各地のひっそりとした山の中にも、今日を生きるために数多くの人びとが暮らした歴史があると思うと、名も無き人びとの微かなでも確かな匂いに触れたくなる。

鈴鹿の山の歴史が知りたくなり、かじる程度だが本をめくるうちに私の中の鈴鹿の風景ががらりと変わっていった。山道に大きな荷物を背負った人の歩く姿が浮かんでくる。樹々の間の見えない道を感じる。仕事を終えたおじさんのふっとついたため息、子供たちの笑い声が聞こえてくる。

初冬のある日、杠葉尾《ゆずりお》から銚子《ちょうし》ヶ口《くち》を経てイブネまで歩き、帰りは黒尾山を通り蓼畑《たではた》に下る山歩きに出かけた。木々の葉が落ち雪の便りをそろそろ聞く頃の鈴鹿の山が好きだ。山と共に生きた人の息遣いが聞こえるような気がする。植林の中の登山道はかつて仕事道として人々の往来のあった道。石積みのきれいに残った炭焼き窯の跡が、昭和の時代までこの山の中で炭焼きが行われていたことを物語る。植林を見ると子供の頃の日本の山の風景を想像する。それほど昔のことではないのに、私たちの暮らしは随分と変わったのだなぁと思う。

銚子ヶ口からは御嶽山まで見え、眺め入った。ふと我に返り先へと進む。麓の佐目と鉱山のある谷尻谷を結ぶ道が越えた大峠に着く。峠道は役割を終え土に埋もれている。ここから水舟ノ池に向かった。西尾寿一『鈴鹿の山と谷』で「奇観といって差しつかえないほどに見事な景観」、伐採により「丸裸になって、見てはいけないものを見てしまった」と書かれた水舟ノ池は、植林された杉が大きくなり水面に黒い姿を映していた。杉に囲まれた池は見事な景観とまでは思えない。

心地よい尾根道を歩いていくとクラシに着いた。隙間のない凄まじいササの海だったというクラシ、イブネ間は今は開放感のある苔のジュータン、芝生のような草地だ。賑やかな声が聞こえてきた。広い台地の思い思いの場所でお昼ご飯を食べる登山者の姿が見える。鈴鹿の秘境と呼ばれるイブネ。頭の中にササの海を描こうとするのだが、今日のイブネは明るく穏やかで三〇年前の姿が想像し難い。

平和な陽気の中、時計を見ると一時間近く休憩していた。帰りは黒尾山ルートだ。重い腰を上げ、静かな広葉樹の尾根を戻る。聞こえるのは鳥のさえずりと落ち葉を踏む私たちの足音だけ。何度も伐られては育った二次林の森は、山と人との共同作品と感じた。

●コースメモ

杠葉尾からの登山口には数台の駐車スペース有り。銚子ヶ口山頂から大峠への下りは道が不明瞭なので注意したい。大峠はかつて佐目村の人びとが、鎮守神のお金明神へのお参りに越えた峠でもある。その先の舟窪は杣人の仕事の行き帰りの休憩の場だったという。

イブネからの帰路は時間と相談。来た道を戻るのが早いが、時間と余力があれば黒尾山ルート、下谷尻谷ルートが楽しい。今回は黒尾山ルートで下山している。

黒尾山へはやせ尾根が続く。岩を巻いて急斜面を歩く箇所もあり、道は不明瞭。黒尾山から・六八一メートルの間は地形が複雑なので、ルートファインディングを確実に。トレース、テープは期待できない。尾根の最後、蓼畑の車道に下りる箇所は、法面が高いところがあるので、注意したい。

2.5万分の1地形図／百済寺・竜ヶ岳・御在所岳

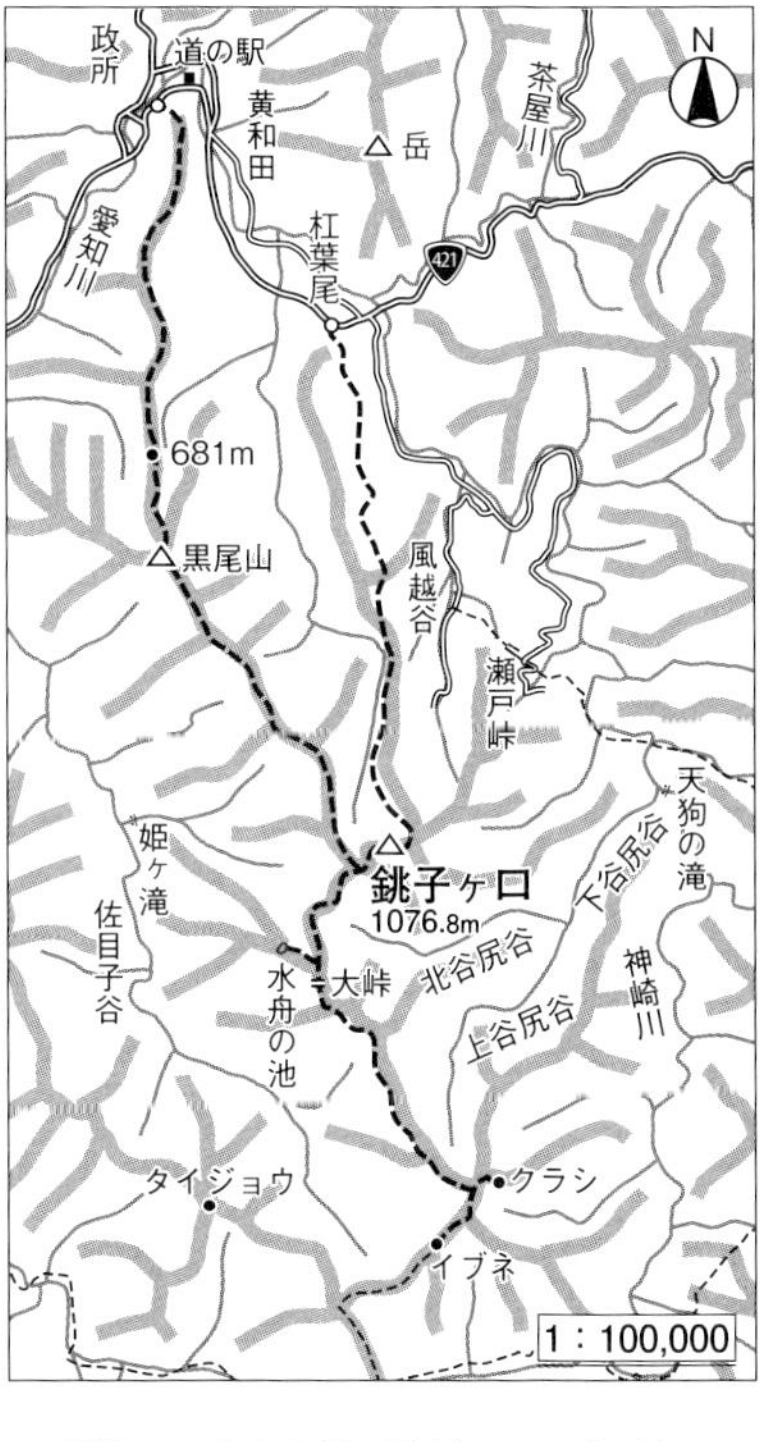

中西さとこの山⑥

比良山地
蛇谷ヶ峰

私の心を見つめる旅

高島の暮らしに導かれたのは蛇谷ヶ峰の存在が大きい。一〇年程前、大溝、海津の町の散策に訪れた時、比良の山並みの端っこのたおやかな山の峰に心を惹かれた。蛇谷ヶ峰という山名も魅力的だった。

後日いきものふれあいの里から往復した。山頂からの眺望は素晴らしく、眼下に広がる冬枯れの田んぼと、青く深い水を湛える琵琶湖を飽くことなく見つめた。山と水のある暮らしに憧れた。

今住む家から外に出ると先ず目に飛び込む山が蛇谷ヶ峰だ。出かける時、姿を確認すると今日も大丈夫と心が落ち着き、夕刻家に戻る時、釣瓶岳から蛇谷ヶ峰にかけての陰影と、燃えるような黄昏色の空の美しさに出合うと、はっと息をのむ。

日々見つめる風景だが一日として同じ風景はない。自分の中に何かを感じる時、何かを知りたい時、ふと思い立った時、折々に蛇谷ヶ峰に向かう。何度も通った道、初めての谷や尾根、訪れるたび蛇谷ヶ峰はさまざまな表情で迎えてくれる。気がつけば穏やかな私がいる。山頂でのんびりご飯を食べて帰路に就く。日常に蛇谷ヶ峰がある幸せを感じる。

P122
灰処谷の下部。黒い岩に清らかな流れ

P123（photo ／草川：5/31）
P123 上右
カツラの谷一番のカツラの巨木
P123 上左
カツラの谷はカツラやトチが覆う落ち着きのある谷
P123 下右
カツラの巨木の根を水の流れが洗う
P123 下左
滝の岩を常緑樹の根ががっちりと摑んでいる

知善寺谷右岸尾根。途中、急傾斜もあるが、雪の時期は楽しい尾根

ある夏の日、蛇谷ヶ峰が心に映った。元気な時はあちこちの地図を眺めては出かけたりするのだが、ふと風船が萎むようにへなへなした気分になる。そんな時、日々見つめるこころの山の、風にそよぐ木々の葉や澄んだ水の流れが、まぶたの裏に浮かび無性に逢いたくなる。辿るのは尾根が多いが夏は小さな谷を遡る楽しさに魅了されている。

緑と水のシャワーを思う存分浴びよう。朽木《くつき》の上柏《かみかせ》に流れる灰処谷に向かう。カツラやトチノキに出合える美しい谷だ。沢靴を履き水に足をつけるとキリリとした冷たさが頭のてっぺんに伝わる。木々の葉の間からこぼれる太陽の光、つるりとした岩の上の透き通った流れ、小さなでも確かな輝きに吸い込まれるように谷を遡る。家を出る前の悶々とした気持ちは洗い流されていた。ふと、緑の海に黒い大きな幹が浮かび上がる。カツラの巨樹だ。どこかへ迷い込んだような幻想的な風景にドキリとする。落ち着いて見ると幾度か訪れたカツラの谷だった。

さらに進むと大きな嵓が現れた。岩の上には樹が茂り太い根が割れ目に沿って地面へと伸びている。みずみずしい緑の風景の中、異様な空気が漂う。麓から見上げた山頂付近の黒い森を天狗の森と呼ぶ。ここは奥山、天狗の棲む領域なのかしら。崩れた炭焼き窯の跡と小さな祠が、人の匂いを感じさせてくれ安堵する。遡るにつれ水の流れは細くなりやがて無くなった。ヤブを避け右岸の尾根に登ると見覚えのあるアセビが見えた。誰もいない山頂でひとりパンをかじる。蛇谷ヶ峰と私の時間が静かに流れる。

下りは登山道のカツラの谷コースを歩く。水の中からの威圧感にゾクッとした嵓、夢のようなカツラの谷も道から見ると、山と人との長いつながりを彷彿させる心落ち着く風景だ。灰処谷は灰のあるところの谷、昔から人びとが山に入り木を伐り炭を焼いていたのだろう。カツラの木はどれだけの人々を見つめてきたのだろう。そして今カツラは私を見つめ、私もカツラを見つめる。「よし、帰ろう。」疲れているはずなのに行きより足取りは軽い。

二〇一八年正月。前日からの雪がすべてを覆い尽くしてくれた。動物の足跡一つない雪の林道が、灰色の風景の中ぼんやりと延びる。今シーズン初めての雪山歩き。足裏の柔らかな感触が心地よい。途中から登山道を外れ知善寺谷の右岸尾根を辿る。新雪の膝下ラッセル。思っていたより歩ける自分に嬉しくなる。小雪の舞う静寂の森を一歩一歩登っていく。木々の高さが低くなり頬にあたる雪が冷たく感じた時、霧の中にうっすら黒い影が出迎えてくれた。あのアセビだ。鼻の奥がツーンと痛くなる。

前年九月、足首を怪我した。入院手術リハビリの日々。一二月は砂利道が痛くて歩けなかった。山歩きを考える余裕などなかった。正月、蛇谷ヶ峰が「大丈夫」と微笑み、大丈夫だと感じた。まっさらな雪の上に刻まれた確かな私の存在。私の可能性を感じる。こころの山は心の鏡。また歩いていこう。霧の中、心は晴れ渡る。

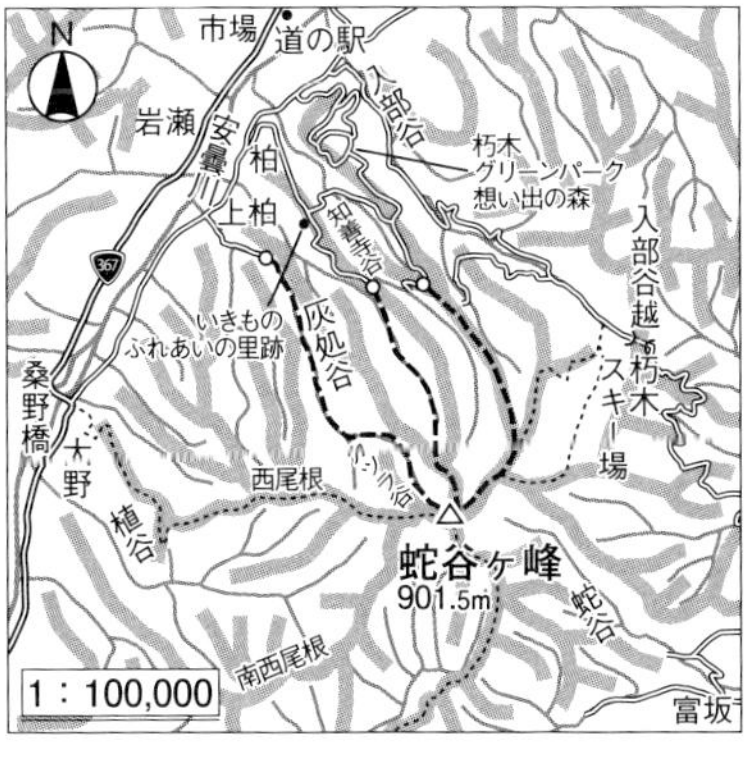

●コースメモ

灰処谷は沢歩きとなる為、沢装備が必要。困難な箇所は無いが、ヒルが生息する。上柏集落はずれの林道から入るが、駐車スペースは無い。駐車はグリーンパーク想い出の森に駐車できる。温泉利用の場合、朽木市場から無料のシャトルバスの利用も可能。

登山道のカツラの谷コースは現在、旧いきものふれあいの里へは崩落個所があって通行止めとなっており、上柏へと下るコースに変わっている。

雪の時期も想い出の森、朽木スキー場からはよく歩かれているが、朽木大野からの西尾根登山道や植谷峠経由の南西尾根ルート、高島町側は冨坂からの蛇谷左岸尾根、畑からの横谷峠道など、地図を見ていると楽しめるルートがいろいろと考えられる。

2.5万分の1地形図／北小松・饗庭野

静かでなければ山じゃない

横田和雄の山

Yokota Kazuo

右上から
南伊勢／座佐の高より芦浜池と熊野灘
山陰東部／桐山の麓からの浦富海岸
播磨／数曽寺山塊の岩尾根

左上から
伊勢湾／菅島・大山からの眺望
奥越／岩ヶ谷山から荒島岳

海を眺める山を楽しむ

横田和雄

一九四七年二月、大阪府高槻市生まれ。

高校時代にワンゲルに入るも、なじめず中途退部し、就職してからの社内ハイキングが刺激となり、山歩きを再開する。単独、我流での出発である。そして石鎚山山頂の滝雲、厳冬・雪の伊吹山に感動して山の魅力にはまり、以降中断することなく五〇年間登り続けている。

一九七一年夏、三週間の休暇を強引にとって北海道へ行き、日高（当時の幌尻岳登山で泊めてもらった林道の飯場に、アイヌの人がいたのが印象深い）や大雪山系、利尻の山などを訪ね回った。また日本アルプスなど有名な山へ、ほぼ毎週末に夜行列車で通ったが、「名山ブーム」の現在と違って静かな登山であった。

三十歳後半となり、単独では限界があると感じ、「京都山の会」に入会する。奥美濃など沢を遡行して山頂に至る山行、上信越や白山山系の残雪期ロング縦走などを楽しんだ。

一方、近畿やその周辺の有名、無名の藪山へも単独でまめに通い、読図の力や楽しさを深めた。

「人のやらないことをやりたい」性癖と三角点標石への偏愛から、一九九五年『京都府の三角点峰 全一八三座完登の譜』（京都山の会出版局）を不出来ながら出版した。その後も三角点峰探訪は近畿全域（もちろん三重県も含む）におよび、五百メートル以上全一四三四座をほぼ終えた（まだ一八座未登）。その登山に際しては、麓からしっかり登ることを原則としている。

二〇〇四年、日本山岳会の中央分水嶺踏査（丹波三国岳〜大御影山）に参加（二年間）。終了後も、ほぼ単独で、遠阪峠（兵庫）〜栃ノ木峠（滋賀）を楽しくトレースした。

五二歳時の思わぬ大腸がん手術もあり、五七歳で希望退職。年間一五〇日をノルマに、軽ワンボックスで車中泊をして遠方の山々を訪ねる一方、瀬戸内海などの小さな島の山に登ったり、沿海の低山や岬を訪ねて、海を眺めたりすることを特に好んでいる。

また最近は、家内と一緒に、草木の花や実の探索、写真を撮りながらの「道草歩き」をも楽しんでいる。今までを振り返り、大なり小なり苦しいことがあったが、いつも「山歩きに助けられた」。山に感謝したい。

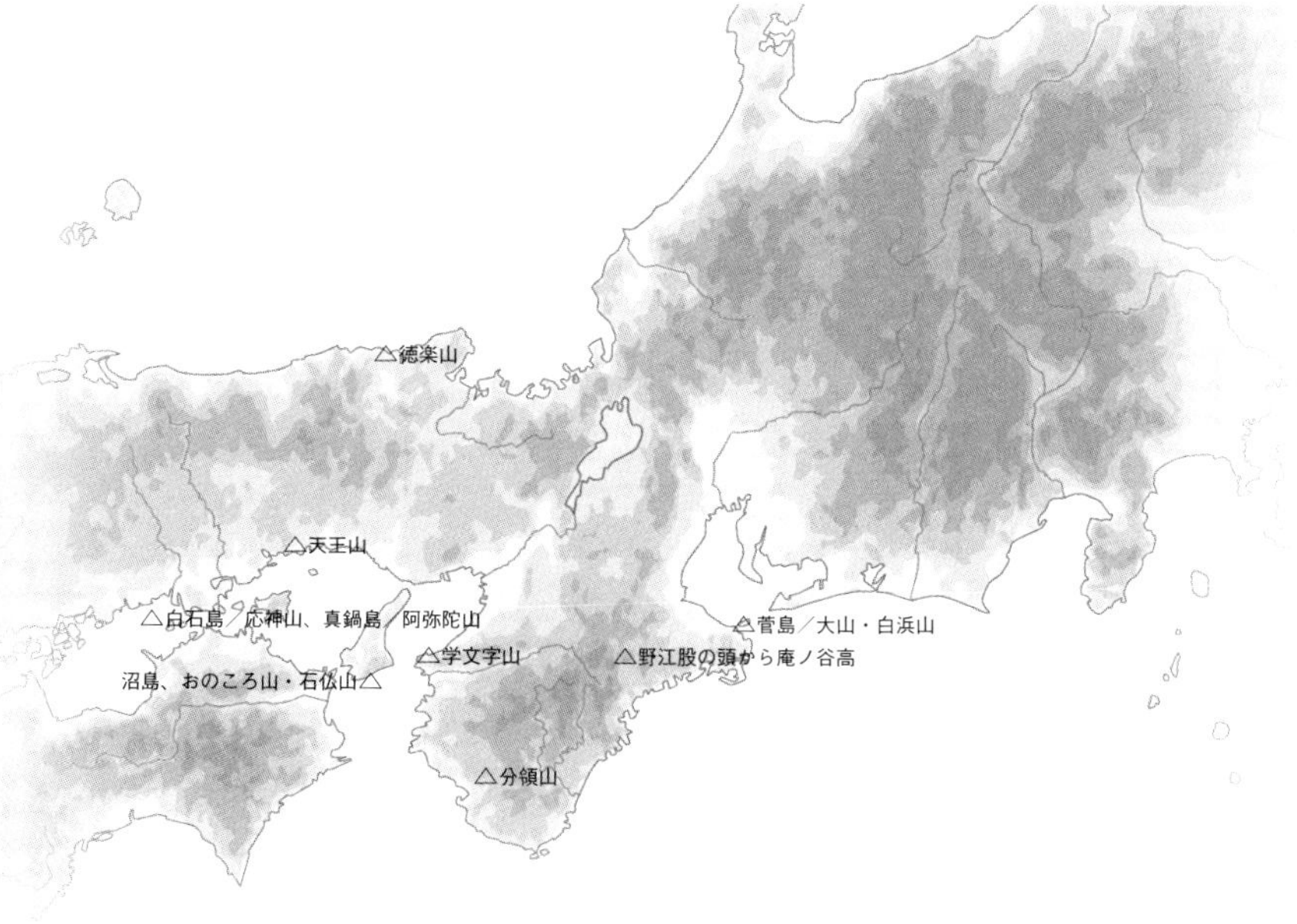
△徳楽山
△天王山
△白石島／応神山、真鍋島／阿弥陀山
△学文字山
沼島、おのころ山・石仏山△
△分領山
△野江股の頭から庵ノ谷高
△菅島／大山・白浜山

横田和雄の山 ①

伊勢湾　菅島
大山・白浜山

植生豊かな伊勢志摩の島を巡る

いうまでもなくわれわれは海と山の国に住んでいる。日本には主なもので約八〇〇の島がある（全体では六八〇〇あまりだそうだ）という。近畿地方にも淡路島を除いて、数は少ないが美しい小さな島々がいくつかある。

太平洋に放たれる伊勢湾口には神島、菅《すが》島、答志《とうし》島などが点在し、伊勢志摩の美景の一つをなしている。神島は小説『潮騒』の舞台としてよく紹介され、灯明山やカルスト地形の不動石は人気があるが、菅島や答志島を訪れる人は多くない。

菅島の大山はその諸島の中で最も高く（二三七メートル）、「登山」気分が味わえ、眺望も素晴らしい。そして暖流の影響から南方系の植生も豊かで、灯台近くの白浜山ともども珍しい植物にも出会え、充実した「山歩き」を味わうことができる。素朴な島の人たちとの会話も楽しい。

数回しか訪れていないが、いつも満ち足りた思いで島を後にする。観光的には「グルメ」指向であろうが、じっくりと島を巡り、山に登ると、日本の自然の大事なものが見えてくる気がする。

P130
帰路の定期快速船の航跡、菅島・大山はあっという間に遠ざかる
P131 上
紅ツゲに覆われた大山直下の尾根から答志島を望む。渥美半島伊良湖を結ぶフェリーの白い船体が青い海に映える
P131 下４枚　冬期、島で見られる草木の実など
右上／ホウライカズラの実　右下／サカキカズラの実　左上／フウトウカズラの実　左下／紅ツゲ

おんま浜は静かな砂浜で、見上げる灯台の白壁が美しい

菅島を最初に訪れたのは一九九五年二月である。人並に家族を連れて伊勢志摩の小旅行に行った際、子供たちに船と灯台を体験させてやろうと思ったからだ。もちろん内心は、島には大山という「山」もあり、こちらはそれに登るのが目的であった。その時は港から尾根に登り、大山を往復して灯台へ廻り、おんま浜で遊んで、ささやかな「島旅」を終えた。

齢とともに、山の魅力に植生観察が大きく加わり、山歩きのスタイルに変化をもたらせた。山だけでなく、海岸を含む平野部でも植物を探索するようになった。永年、山歩きをしてきたが、ただ「歩き廻るだけ」で、いかに「自然に無知」であったかと反省する。ゆっくり歩いてみれば、豊かなものが見えてくる。

二度目にこの島へ向かったのはその自然に触れたいためであった。島に自生する稀少な植物も目にしたいと思った。青春18切符を使っての冬季の訪問で、花ではなく実の観察になるのは仕方がなかった。そして前回とは違うコースで、島の北東部の白浜山とその周辺を一人でじっくりと歩いてみた。

鳥羽港から短い時間で菅島港に着き、海辺の家並を抜けて、山道を辿ってしろんご浜に降りた。浜は島の最も重要なしろんご祭（七月上旬）が行われる神聖な場であるが、冬場はただ波が打ち寄せるだけであった。祭の主役である海女が獲ったアワビを奉納する白髭神社から灯台の道へ向かう。菅島灯台は明治六年に造られ、レン

白浜山頂上の監的哨屋上から大山を望む

ガ造りでは日本最古の灯台だそうだ。伊勢湾の中にあって、神島灯台と並んで、その重要度がうかがえる。灯台からはその神島や渥美半島の伊良湖《いらご》岬や山々（同名の大山など）が近い。そして白浜山に上がると、頂上には戦時中の「監的哨《かんてきしょう》」が残され、「島の歴史」も感じることができる。おんま浜にも立ち寄り、鞍部から港へ戻る。ハチジョウキブシ、ホウライカズラ、サカキカズラ、ハマナタマメなどの実を見ることができ、嬉しく島を後にした。

大山を再訪したくなったのは、その中腹から頂上部にかけて広く自生するツゲが冬季には紅葉し、「紅ツゲ」として島の景観になっていることを知ったからだ。遠望しても茶色く見え、枯れた状態と見間違うが、近づくとなかなか美しい。潮風の影響だと思うが、貴重な植生である。

林道を巡り、頂上直下の尾根（紅ツゲが密生する）からは四方に大きく海が開け、明るく鮮やかな光景が広がる。まさに島の山の魅力十分である。好天の休日であったが、山では誰にも会わず、静けさを独占した。

●コースメモ

鳥羽マリンターミナルから市営定期船が七便出ている。一三分で菅島港に着く。ターミナルにガイドマップがあり、島の要所にも道標があるので、迷うことはないだろう。

大山や白浜山へ登る場合、集落内は枝道が多く分かりにくいので、島の北側の林道や歩道を使った後、題目石から港へ戻るのがよい。大山の東尾根は紅ツゲなどの低木が茂り道はやや不明瞭であるが、踏み跡はしっかりしている。

慰霊碑は一九八三年四月に自衛隊の輸送機二機が濃霧の中、低高度航法訓練中、大山中腹に墜落炎上し、計一二名が死亡したことによる。島最大の事故で、大きく新聞報道された。

鳥羽での船の待ち時間があれば、鳥羽駅裏の日和山へ上がることを薦める。やや急な遊歩道をわずかな時間で展望地に着く。菅島は坂手島に隠されているが答志島や海面が明るく美しい。

2.5万分の1地形図／鳥羽・浦村

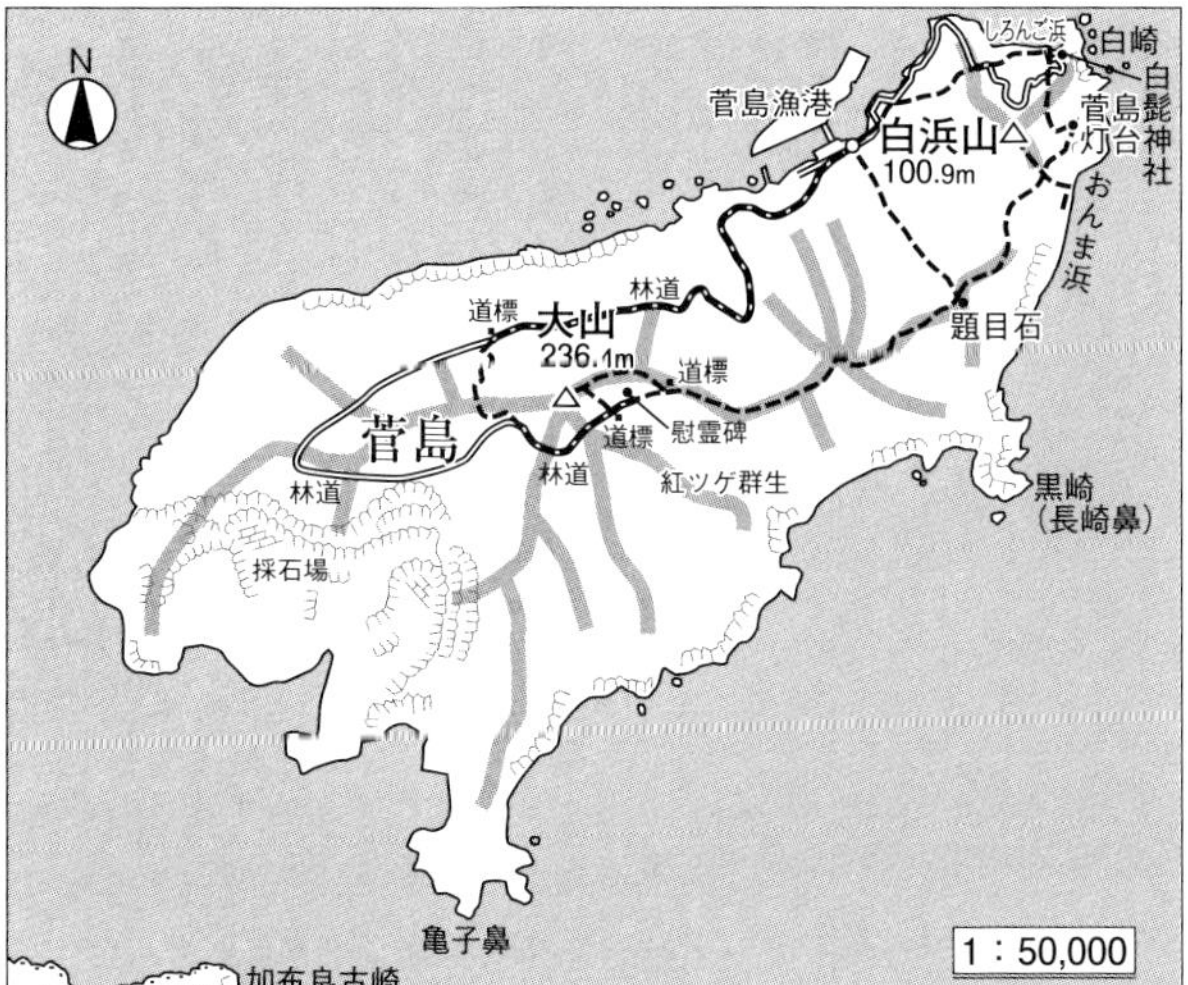

横田和雄の山②

紀伊水道 沼島 おのころ山・石仏山

「日本最古」の小さな島巡り

日本的スケールでいえば、淡路島は「島」ではない。大きすぎるのだ。そしてこの沼島《ぬしま》はまた、小さすぎる。記紀による国生み伝説では矛から落ちたしずくから二つの島ができたとされる（沼島はおのころ島とも呼ばれる）が、その対照が面白い。

沼島のことを知ったのは、山歩きを始めた頃買った山溪の『アルパイン・ガイド 続・近畿の山（一九六二年度版）』の仲西政一郎の項であるが、「山らしくない」ことから永く訪れることはなかった。

齢をとり、山歩きの指向も変わり、海や島に目を転じた時、沼島は一気に大きな存在となった。紀伊水道では友ヶ島や徳島県の伊島《いしま》につながる位置にあり、貴重な植物も自生している。洲本市由良町のわずか沖にある成《なる》ヶ島《しま》と共に、淡路島の「付録」は本文に劣らず面白い。

沼島にはおのころ山や最高点の石仏山があり、軽いハイキング気分で廻れ、方々から青い海が見渡せ、小さな島ならではの爽快感を満喫できる。

「黄昏期の山」の魅力と可能性を大きく広げるに充分な要素が詰まっている。

P134
淡路島由良の生石山展望台から沼島を望む
P135上
島のシンボル上立神岩は約30メートルで直立する。イザナギ、イザナミの二神が周囲をまわり夫婦の契りを結んだ天の御柱の伝えがある。海鵜の休息場にもなっている
P136下
おのころ山の尾根道から海と断崖が見下ろすことができ、緑と青が鮮やかだ

山の大神社への道からおのころ山を振り返る

初めて淡路島の山に登ったのは一九七〇年一〇月、北部の妙見山（五二〇メートル）だった。谷から詰め上がろうと当時の一色刷りの二万五千図（現行のものとは比較にならないほど大雑把であった）を頼りに、小井《おい》集落から登降した。上部でのヤブ漕ぎに苦労したが、その後の自分の山行を予見していたといえる。もちろん海峡大橋もない時分で、船で渡るごく小さな「遠征気分」での登山あった。それが淡路島の一山目で、主要な山々（諭鶴羽山《ゆづるはさん》、柏原山《かしわらやま》、先山《せんざん》など）は後回しになった。

最高峰の諭鶴羽山（六〇八メートル）は登山道（参道）も整備され、訪れる人は多いが、後は静かな山が大半である。ツゲノ高《たか》（五八六メートル）は諭鶴羽山の北東にある山で、山名は認知されていないが貴重な三角点峰としてマークしていた。二〇〇四年二月、水仙郷で有名な黒岩から表参道を経て諭鶴羽山に上がり、林道を東に辿ってその頂を踏み、白崎まで下った。山上から見る海（紀伊水道）は美しく輝いていた。その海にポッカリと浮かぶのが、沼島である。なんとも小さく、可愛い島に見えた。

淡路島がその植物相で豊かさを残していることを知ったのは、うかつなことに比較的最近である。そこでまず由良町の成ヶ島を訪れた（二〇一一年一一月）。島といっても、港からわずか百メートル先（渡船で五分）に、二キロほどの砂洲が延び、「淡路橋立」としてささやかな観光地となっている。ハマボウやハママツナなど海浜植物は貴重で、成山《なりやま》（五〇メートル）にある山城址とつなげて歩くのは楽しい。

そしてやっと沼島を訪れた。その名を知って五〇年近くになっていた。秋の土曜日だけに大勢の観光客が沼島港に降り立ったが、ウォーキングスタイルはわれわれ夫婦だけであった。まず濃い叢林（ホルトノキなど）の沼島八幡宮に詣で、家並を抜けて山道に入る。石垣にはアマチャヅルの花と実がからんでいた。石段を上がると「おのころ神社」である。おのころとは自凝と書かれ、「矛先から滴り落ちて固まった」意として沼島の別称とされる。

楽しい尾根歩きのはじまりである。起伏のない道をゆっくりと南へ進むとあっけなくおのころ山（仲西著ではタカノス山となっていた）に着く。安置された石仏の隣に東屋があるが、訪れる人は少ないのか草木が茂り、展望もない。

明るい遊歩道に出ると視界が開けて青い海が大きく広がる。鞍部で東海岸に降りる。上立神岩《かみたてがみいわ》が海から突出し「神話」らしい景観を見せる。遊歩道に戻り、登り返していくと島の最高点である石仏山に出る。灯台があるので期待したが、石仏のある頂上台地は樹林のため展望は閉ざされていた。

再び遊歩道を北上すると海と本島の諭鶴羽山が近くに望める。黒崎の上部にある△黒崎（点標名）を踏んで、下っていくと海岸沿いに出て、港まではすぐであった。

●コースメモ

淡路島灘地区土生《はぶ》港までは洲本市から定期バス（コミュニティバス）が運航されているが、便数も少なく、車で行くしかない。港から沼島港へは定期船が一日一〇便運航され、一〇分で着く。

両港に島の案内板があり、いくつものハイキングコースが明示されている。島の代表的なコースは石仏の安置された八十八ヶ所巡りである。

おのころ神社からおのころ山へのコースも途中で巡礼道に合流する。おのころ山直下で、その道は巻いていくので、ちょっと注意が要る。私が歩いた時（二〇一五年一〇月）、おのころ山周辺は少し荒れていた。

以降の道は明るく視界が開けて歩きやすい。鞍部から上立神岩への道は遊歩道階段である。山の大神社や灯台への道も巡礼道で分かりやすい。

石仏山から黒崎の途中で巡礼道は港へ下って行く。△黒崎は歩道のカーブ地点から、少しヤブの中へ入らなければならない。

2.5万分の1地形図／諭鶴羽山

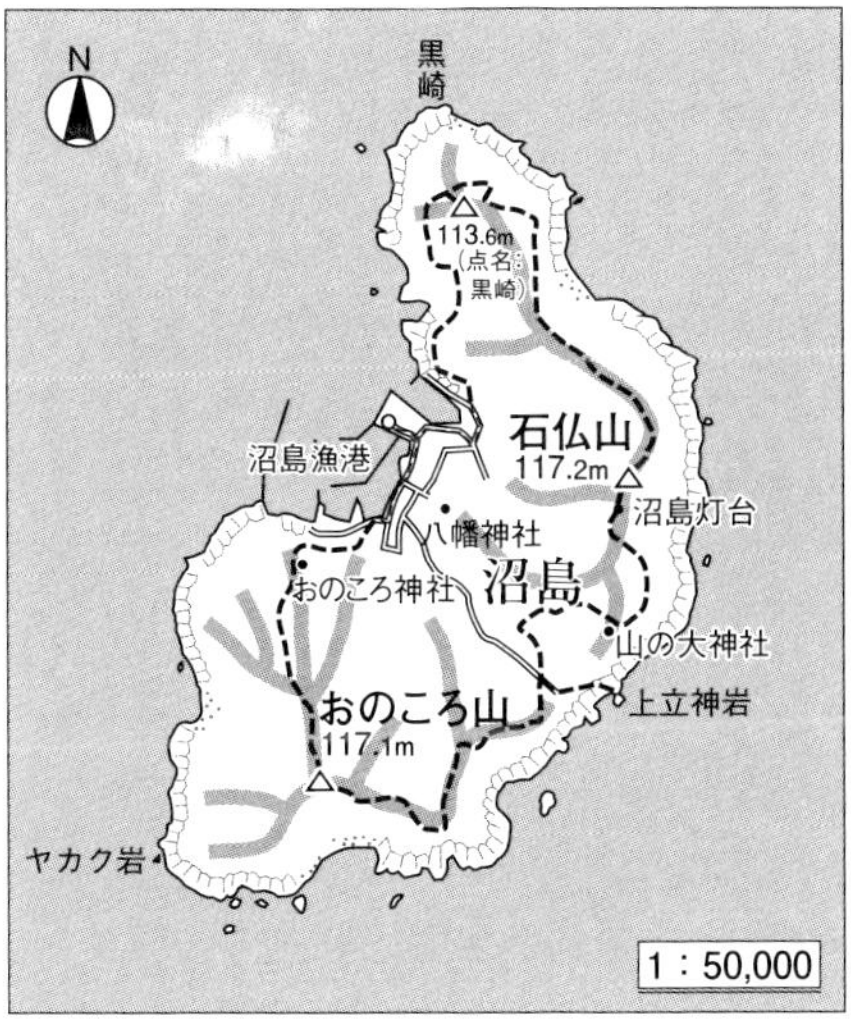

横田和雄の山③

瀬戸内海
白石島
応神山
真鍋島
阿弥陀山

瀬戸の海は青く空も青い

瀬戸内海中部、岡山県笠岡市と香川県西部に挟まれた水島灘には、連なる島々がある。笠岡諸島とよばれ、白石《しらいし》島、北木《きたぎ》島、真鍋《まなべ》島、佐柳《さなぎ》島、高見島が直線上に並んでいる。いずれも小島で、夏季以外は観光客も少なく、静けさに満ちている。

山歩きも「旅」と思っている私にとって、「小さな旅」を実感できるのが、島巡りである。また、青春18切符のファンであり、日帰りで行くことのできるギリギリの範囲が、この笠岡諸島であった。船に弱いが、瀬戸内海はいつも穏やかで、楽しい「船旅」を味わえるのが嬉しい。

最初に訪れた白石島は花崗岩質の地形から、山稜は白く、巨石も多く、見渡す海の青さがより鮮明で、「島の山歩き」の面白さにはまってしまった。観光としては「白石踊」などがメインであろうが、海を見るだけでも、値打ちは充分にある。

続いて訪れた真鍋島はさらに沖合にあるため、より旅気分が増し、草花も美しく、楽しく一周できる。いずれの島も遊歩道が整備されているが、浜で遊ぶ人は多いのに、歩く人が少ないのには驚かされる。

P138　白石島
立石山から南方の備後灘を望む。飛島などが美しい
P139上　白石島
応神山の高山展望台は岩が点在し、南西方向が大きく開ける。燧灘に梶子島が浮かぶ
P139下　真鍋島
福原の浜は波静か、隣の佐柳島も穏やかな姿を見せる

瀬戸内海／白石島　応神山、真鍋島　阿弥陀山

真鍋島
城山から阿弥陀山を望む。ゆるやかな緑の尾根と海の青さが美しい

意識的に島の山歩きを始めたのは二〇一〇年からである。高い山、深い山に分け入ることが永年続き、ひと気の少ないヤブ山などを自在に歩くことに悦びを感じていたが、加齢とともに、登山形態が変わってきた。フィールドをさらに広げたいとの思いもあった。

穏やかな瀬戸内海には一〇〇を超える美しい島々が点在する。淡路島や小豆島は別格として、小さな島の山を訪ねようとした最初は香川県の広島である。そして豊島《てしま》に続いてこの白石島となった。旅気分を味わいたく、いずれも青春18切符を使って日帰りのひとり旅であった。

笠岡港を出た船が干拓でできた神島水道（カブトガニ繁殖地）を抜け、御嶽山《みたけさん》や栂丸山《つがのまるやま》を後にするとあっという間に白石島が近づく。低山ながら峨々とした山塊が期待を高める。夏休みの海水浴客と別れ、港から家並の奥に入って開龍寺に来るともう人の気配はなくなる。わずかの登りで視界が開けると、白い岩の点在するザレ尾根となり、思わず快哉の声が出る。明るい岩尾根には古い石仏が並び、ミニ巡礼霊場となっている。嬉々として緩やかな尾根道を上がると応神山《おうじんやま》の一角に着く。「高山展望台」と称された島一番の景観地である。暑いのが難点だが、海も空も青く、開放感満点だ。応神山から続く尾根を南下する。大玉岩や鬼ヶ城山を経て、笠越から登り返すと島最高の立石山である。応神山ほどではないが、ここも展望はよく、隣の北木島が大きく迫る。遊歩道を東に下るとあっけなく鳥ノ口の民家に降り立つ。後は島の中央の一本道を北に歩いて港に戻る。

翌年の春、家内と一緒に再び笠岡港に来た。春休みとあって賑わう船は白石島や北木島を見て、早足で真鍋島の港に入る。狭い家並に入り、まず真鍋氏邸を訪れる。平安時代末期からの島の有力者（平家方）で、明治初期に建てられた書院造の屋敷が残る。軒先の樹齢二五〇年のホルトノキが立派だ。

浜に廻り、天神鼻の天神様・展望台からは遊歩道となる。春の陽光のもと、シュンランやアマナが咲き、足取りは軽い。緩やかな登りで阿弥陀山に出る。「山の神」の名もあり、一等三角点が埋設されている。傍には竜神や石槌権現も祀られ、島の信仰がうかがわれる。東に向かうと展望が大きく開け、近くに香川県の佐柳島が横たわる。下りきって福原の浜に寄ると、海面は波もなく、ただただ穏やかであった。やや急な登り返しで、城山（真鍋城址）に出る。島の最高峰は草地で、再び大きな展望が楽しめる。五輪石塔群を過ぎると岩坪港までわずかである。

●コースメモ

白石島も真鍋島もJR笠岡駅から徒歩一〇分で笠岡港へ行き、定期船（フェリーまたは旅客船）に乗る。白石島は単独のフェリーもあるが、真鍋島はすべての便が白石島経由である。

白石島へはフェリーで四五分、高速船なら二二分で着く。港には案内板があり、ハイキングコースは整備されている。港から民家の家並を抜けて開龍寺まで来れば、後は山に向かい尾根を辿るだけでよい。鬼ヶ城山の麓には大坂城石垣の岩切り出し場跡がある。鎧岩へ往復する場合、岩の下へ行かなければ直垂状の節理は見られない。

真鍋島は本浦港と岩坪港の二港があり、高速船は本浦港しか行かない（四四分）。普通船や岩坪港へは約七〇分である。島唯一の学校は映画「瀬戸内少年野球団」のロケ地になった。集落内の真鍋氏邸などは道も狭くやや分かりにくいが、道標もあるので迷うことはないだろう。山に入れば、コースは明瞭で、歩きよい。

2.5万分の1地形図／白石島

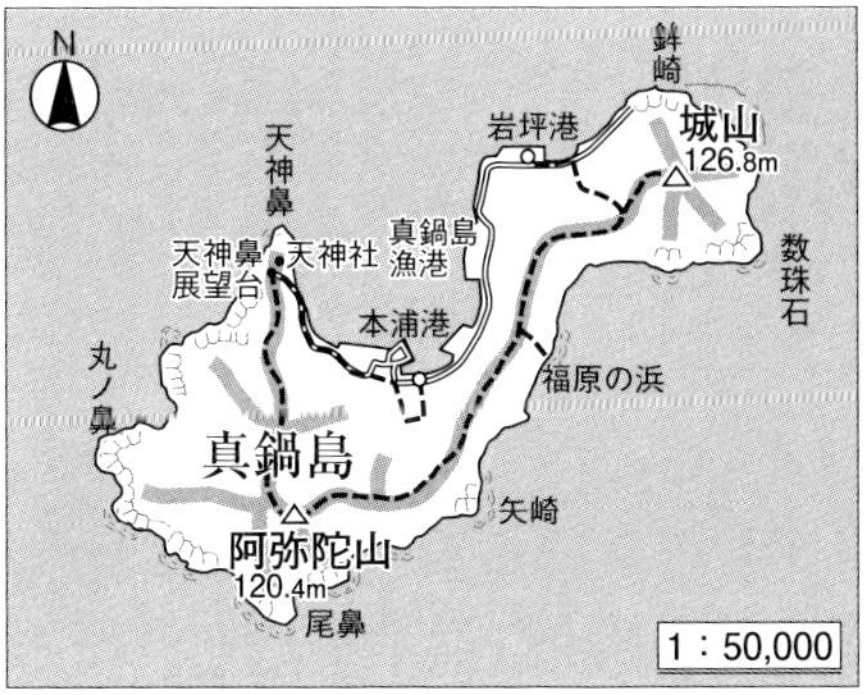

横田和雄の山④

丹後半島
徳楽山

盆景のような丹後の小さな山

京都の山岳会に所属している以上、京都府の山をまんべんなく歩き、登らねばと思い続けてきた。三角点峰を中心に、名のある山をすべて登ることにし、昨年末で一応終了した

京都府を私は勝手に「歴史の山城」、「素朴の丹波」、「景観の丹後」と名付け、それぞれの面白さを味わってきた。なかでも最も好きな地方は丹後である。京都府の大きな魅力は日本海に面していることであり、海を見るだけで単純に喜んでしまうからだ。『京都府山岳総覧』（ナカニシヤ出版）のゲラ刷りを見せてもらった時、丹後の山で初めて見る名があった。徳楽《とくら》山、尾坂《おさか》山、得良《とくら》山の三つである。特に徳楽山は、その前から間人《たいざ》の南西に小さいが美しい山容の姿を目にして、マークしていただけに名を得て、すぐに訪れようと思った。

地元では信仰もふくめ、よく知られた山であるが、私のような「よそ者」がいかに無知であることか。頂上からは素晴らしい眺望が広がり、まるで箱庭や盆景のような「日本的景観」を楽しむことができた。ごく小さな山であるが、得られるものは大きい。

P142
北方の砂方より望む徳楽山は小さいながら円錐形の姿を見せる
P143上
参道にはユキグニミツバツツジが咲き、春の山歩きの楽しさに満たされる
P143下
徳楽山頂上から西方を見渡す。三津集落を眼下に、琴引浜、八丁浜、高天山などが広がる

薮こぎで下った南東側の溜池から徳楽山を振り返る。近すぎて山容はやや平凡だがどっしりとしている

丹後半島の山を最初に知ったのは、一九七四年に買ったガイドブック『京都北部の山々』（金久昌業著　創元社）の中の「日本海の山々」の項である。由良ガ岳、太鼓山、伊遅ヶ尾《いちがお》山、磯砂《いさなご》山などが紹介され、「参詣道は火山形態とともに、日本海の山々の特徴であり個性といわなければならぬ」とこの地の山の特性が記されていた。山登りの駆け出しの頃で、アルプスなど超有名な山に目が向き、若さにまかせて遠出をかさねていたが、頭の片隅に「丹後半島の山」をひそめてきた。そして「静かな山」を求めていくにつれて、丹後に通うことが多くなった。

丹後半島は昭和三八年の通称「三八豪雪」で山地集落は孤立化して離村が続き、山も大きく変化した。その後、縦貫林道がつけられ、太鼓山などの自然は大きく破壊された（現在の風力発電設備も含め）が、早春にはフクジュソウやミスミソウなどがあちこちに咲き、京都府内での貴重な場であり続けている。

丹後沿海の山はいずれも印象が強い。たとえば宮津湾に突き出た黒崎である。田井の集落から山に入り、△黒崎（二〇五メートル）を越えて、宮津黒崎灯台から西の浜辺（接岸地）に降りてみた。若狭の音海《おとみ》断崖や成生岬《なりゅうざき》と同じく、ミニ探検気分を味わうことができる。

名のある山として経ヶ岬の岳山（四五一メートル）に登ろうとしたが、自衛隊レーダー基地のため、途中で追い返され（丁重な態度であったが）、仕方なく△猿ヶ尾からヤブ漕ぎで四七五メートル峰（岳山南峰と勝手に命名）に登って、うさを晴らした。

犬ヶ岬（二五一メートル）や琴引浜の山、高天山《たかてん》、久美浜湾や小天橋周辺の山々も楽しく、下山後、浜辺に降り、ウンランやトウテイランなど貴重な海浜植物を目にすることもできた。

徳楽山は地形図では、ごく小さな無名の山である。見事な円錐形の山容はかつての「火山」であろうし、また信仰の対象になってきたことがうなづける。前記のとおり、丹後の山としての特徴を備えた山である。登山というほど大層なものでないが、こういう山こそ、登りたい。

網野町の三津《みつ》集落の東が登山口で、畑から参道に入る。訪れたのは春、暖かい陽光のもと、ゆっくりと歩を進める。道脇にはユキグニミツバツツジが咲き、こころ浮き立つ。緊張感をまったく必要としない山歩き、黄昏期となった自分にふさわしいと思う。次第に急登となるが、視界も開けて、足取り軽く、早々と頂に出る。安置された徳楽神社前からの素晴らしい展望、海、山、里、これぞ日本の風景だ、と感嘆する。誰もおらず、大景を独占できるのはなんとも贅沢である。東南側直下に新設の四等三角点があり、それを確認して小さなザレ場に降り、ヤブに突入した。家内には迷惑であろうが、まだヤブに入ろうとする気力も大事にしたいと、前述とは矛盾した行動をとってしまう。短時間で、丹後町徳光《とくみつ》側の溜池畔に降り、あとは林道を使い、徳楽山の南側を半周して三津の畑に戻る。

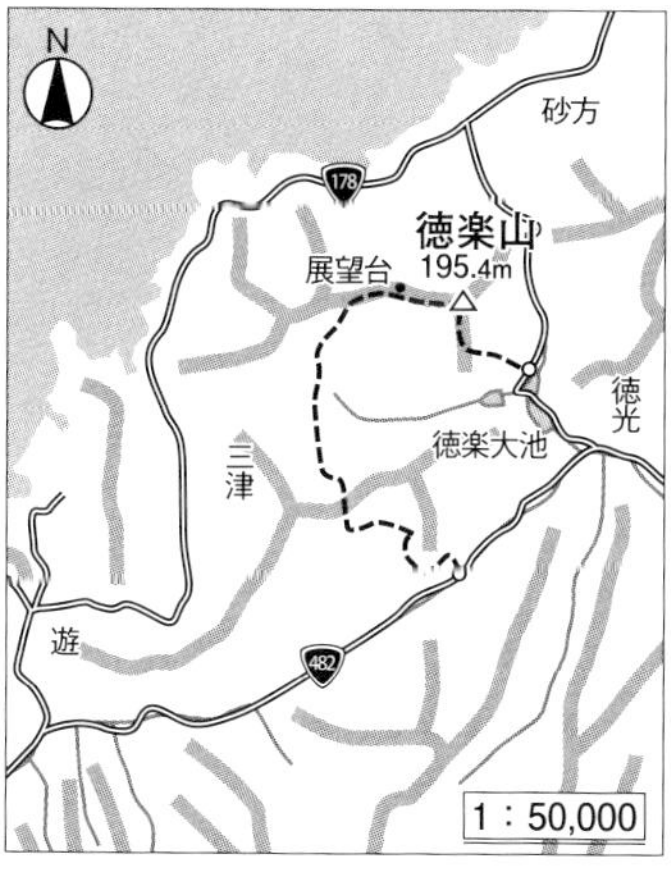

●コースメモ

丹後町三津集落の西、国道一七八号線との十字路脇に案内板が新設されている。牧草地の農道を東に進むと、駐車スペースもあり、登山口となる。「トクラ」の道標に従い幅広の道（参道）を北に向かう。

西方の電波塔のある小山との鞍部からやや急な道になり、何度か切り返すと八合目の展望地に着く。高度百メートルくらいだが、海を見るには最適だ。ここで砂方からの道に合流するがあまり歩かれていないようである。さらに急な道を上がり、傾斜が少し緩むと神社のある頂上台地に出る。八合目に劣らず、展望が素晴らしい。

ハイキングなら往路をもどるしかないであろうが、あえて周回するならヤブに入るしかない。東側は傾斜がきつく、ヤブ好きでないと勧められない。徳光からの参道はどこにつけられていたのだろう。徳良大池畔から見る徳楽山は小さいながら整った姿である。

2.5万分の1地形図／網野

横田和雄の山 ⑤

瀬戸内海沿岸 天王山
大阪湾沿岸 学文字山

ガイドブックに載らない小さな山

九割の登山者が一割の山（有名な山）へ向かい、一割の人が九割の山に登る。日本は山国、地形図に名のあるものだけで、一万八〇〇〇山を数え（『日本山名総覧』）、少数の登山者に格好の場を与えてくれる。

手垢のついていない山を探す。それには地図をにらんで、地形から想像する、自分の目で、実地で見て選ぶ。そして「小さな山」に目を向ける。若い頃と違い、高山、深山へ分け入らなくても、「静かな山」を味わえれば満足できるようになったのは幸いだ。

山から海を見る、というのが日本の山の大きな魅力のひとつと思っている。「カナヅチ」の私にとって海は親しいものでなく、ただただ畏敬の対象であり、偉大なる単純、最も美しいものである。近畿地方は「いわゆる名山」は少ないが、日本海、瀬戸内海、太平洋に面しており、「沿海の小さな山」からは素晴らしい光景を楽しむことができる。

天王山《てんのうざん》は播州赤穂の北西にある端山で、低山ながら整った山容を現している。学文《がくもん》字《じ》山《やま》は大阪府の南端に位置し、地元以外ではあまり知られていないが、いずれも海の眺望にすぐれている。

P146
石ヶ崎から望む天王山は草地状の斜面が目立つが、曲者のシダである
P147 上
天王山頂上の東側直下はわずかに開けて赤穂市と播磨灘が見渡すことができる
P147 下
学文字山の頂上は海側が開けており、岬公園の右向こうに関西空港が望め、飛行機の着陸が楽しめる

瀬戸内海沿岸／天王山、大阪湾沿岸／学文字山

整備された登山道、小さなザレ場から学文字山を望む

二〇〇三年頃から、冬場は天気の良い播磨南部の山に行くことが多くなった。姫路以西の沿海に低山ながら独立峰的な山が数多くあり、ひとつひとつ訪ね歩くのが楽しい。のんびりと電車でアプローチできるのもありがたい。

毘沙門山や寺山を登り終え、地形図で残り少なくなった峰を探していたが、たまたま無人の天和《てんわ》駅に案内図があり「天王山」の名が記されていた。赤穂駅から出た列車が西に進むと見えてくる姿の良い山は前から気になっていたが、それが天王山（地形図では無名、点名が鳶ノ巣）であり、さっそく訪れることにした。

ひとり天和駅で下車し、鷆和《てんわ》の家並を通り、石ヶ崎で天王山を正面にする。立派な山容で、山腹は緑の草地状が目立つ。それは草ではなくシダである。低山の最大の難物はシダで、そのヤブの濃淡が成否を左右する。冬場だけに、今回は「シダヤブを楽しむ」くらいの気でいる。畑仕事の人に山のことを聞くが、何も得られない。昔は山腹に天王社があったらしいが、現状は不明だ。

西にある溜池（機《はた》ケ《が》谷《たに》池）から登ることにする。池の端を歩き、涸谷に入る。傾斜は緩く、かつては道もあったようで、石積みの猪垣が続く。今はヤブ谷だけにその石垣が邪魔だ。鞍部まで上がろうとしたがヤブが密になったので、シダの斜面のわずかな踏跡（けものみち）を追うことにした。傾斜が増すと、シダは密になり、登りは苦しくなった。背後には黒鉄《くろがね》山や三〇〇メートル台の峰々が魅力的に広がる。

我慢で登りきると小広い台地が頂上であった。意外にも山名標があり、その裏に小学生の連名が書かれて、ビックリした（どこから登るのか？）。そして東側直下が開かれ、赤穂市や播磨灘の素晴らしい展望が広がる。思いもしなかっただけに「狂喜」した。南にかすかな踏跡があり、テープも続いて、下山路は確保された。シダヤブやザレ場、岩も点在する中、急降下していくと難なく麓の道に出た。

大阪府に住む以上、南部（泉南）の山も訪れたい。東山（一五七メートル）を家内と登ったがシダヤブがうるさく、低山といえ、手ごわさを感じていた。学文字山も同様かと思っていたが、ネットで地元有志が登山道を整備したことを知った。

深日《ふけ》駅から住宅地に向かい、山道に入る。クロバイの多い道を配水槽まで行き、送電線鉄塔の巡視路に移り、展望の開ける尾根道を上下する。シダは茂るが、刈られていて快適に歩くことができる。やや傾斜が増すとわずかな登りで手前の峰に着く。地元の大勢のグループ（整備した人たち）が日向ぼっこをしながら賑やかに昼食をとっていた。学文字山はまさに「ふるさとの山」である。

頂上はその先の台地で、岬公園、大阪湾が明るく開ける。関西空港も近く、数分おきに着陸する飛行機を見ることができるのも低山ならではだ。下りはウバメガシの尾根道を下孝子《しもきょうし》へ向かって、楽しく周回した。

●コースメモ

天王山／登山の対象になっている山でなく、地元の人（それもわずかであろう）のみが訪れるため道標などは全くない。機ヶ谷池からのコースも地形図を見て、シダヤブの少なそうな谷間を選んだが、やはり難渋した。低山のため、長時間のアルバイトではなかったのが救いだ。結局、下りに採ったコースが唯一の登降路であろう。南側の池から延びる林道を三〇〇メートルほど東に行くとテープがあり、かすかに入口をうかがわせる。後は忠実にテープを追い上げていけばよい。

学文字山／深日駅の南方の住宅地「白雲台」の南端に道標があり、貯水タンクまでは広い道である。後は送電線巡視路となり、ザレ場を経て整備された道を行けばよい。

なお、学文字山の名は東麓の孝子に墓のある橘逸勢に由来するようだ。娘のあやめの墓ともども立ち寄ってみたい。

2.5万分の1地形図／天王山：日生、備前三石、学文字山：淡輪

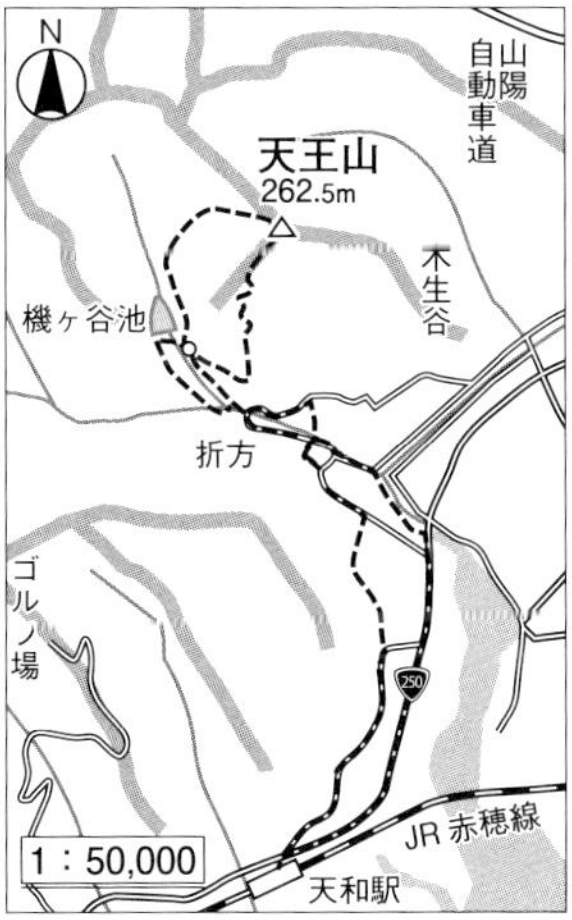

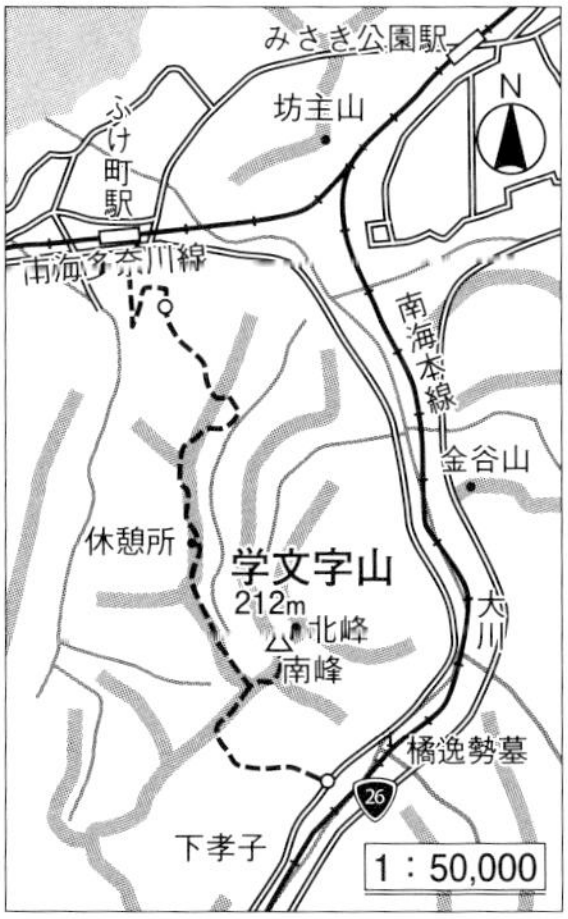

横田和雄の山 ⑥

紀伊山地

分領山

特異な姿の山を訪ねる

あらゆる機会を利用して山に登ってきた。会社での慰安旅行の際、自由行動が許されると、あちこちの山へ向かった。この分領山《ぶんりょうざん》も白浜温泉旅行の翌日（一九八八年三月）、ひとり朝来《あっそ》より蕨尾《わらびお》まで行き、南西尾根から頂上へ登り、北方の滝尻に下って、さらに槇山（七九六メートル）に登って南西麓の長野まで長駆した。合流時間ギリギリの危ない登山で、思い出しても冷や汗が出る。

分領山は南方から見ると、東西に大きな峰頭を二つ並べた典型的な双耳峰の山で、その特異な山容は田辺湾からは目印となり、漁師には格別の山であった。そして、その両耳の間に「分領の滝」があり、雨後には瀑水も遠望できたという（近年は樹木に遮られてしまったようだが）。

分領山に登ったといっても、その片側の耳しか踏んでいない。それが、多少のしこりになっていた。ある時期、紀伊山地に通い続けてきたが、ほぼ一段落した今、ようやく分領山の両耳を訪ねてみたいと思うようになった。その位置から、沿海の山と熊野の山の両方が楽しめることも期待して。

P150
分領山（西峰・三角点）登山道の中間地点からは分領の滝（左下）、東峰、皆伐の急斜面が望める
P151 上
分領の滝。滝下からは下部のみで全容を見ることができないのが残念だ。大雨の後は迫力があるだろう
P152 下
富田川彦五郎公園から分領山の双耳峰を望む。辺りの最高峰ではないが、独特の山容は一目で分かる

南東の黒ノ森山からは分領山の東峰が望めるが、山容はうってかわって平凡になる。左側が東峰の耳にあたるのだが…

南紀の山を始めて訪れたのは高尾山で、一九七〇年五月である。新宮行の夜行列車で行った。釣り客用の列車ともいえ、登山の恰好をした者は私ひとりであった。同様にして当時登ったのは子《ね》ノ泊《とまり》山、烏帽子山、高峰山、保色《ほいろ》山などである。車を利用しての登山をし出すと、内陸の紀伊山地に分け入ることが多くなり、果無山脈や大塔山系の山々へ向かうようになった。中でも「熊野」と呼ばれる山域は、際立つ山は少ないが、深さの点では日本でも有数で、めったに人に逢うこともなく、いつも静けさに満ちていた。分領山はその熊野の入口に位置する山（熊野古道中辺路《なかへち》が近くを通っている）であるが、海岸部から比較的近いため、いわゆる里山の雰囲気が感じられる。慰安旅行のついでに登れたのもそのためだ。

阪和道・南紀田辺を経て上富田インターから富田川を遡る国道に入る。彦五郎公園や市の橋付近で、川面越しに分領山のあの双耳が目立つようになる。しかし、日差しの具合からかその間の滝は見えないし、まだ谷間の「異変」には気づかなかった。国道を離れて急な村道を上がり、わずかな緩斜面にある蕨尾集落の最後の民家横に駐車する。対岸の大森山が大きい。

小さな石仏が登山口を示していたが、以降はほとんど道標もなく、あまり歩かれていない様子だ。山田跡から植林帯を上がると、尾根に出てようやく自然林が現れる。今回は滝を間近に見ることと東峰に登るのを目的としたが、ルートがよく分からない。助けてもらったのはネットの情報（普段はあまり参考にしない）で、尾根の途中から巻道に入った。

やや急な山腹を巻き下って行くが、歩く人もいないのか、次第に不明瞭になる。

●コースメモ

蕨尾の集落へは田辺駅や白浜温泉から路線バスで蕨尾橋まで乗り、村道を集落へ上がればよいが、便数が少ないので車利用をすすめる。

今コースのポイントは分領の滝への道である。記述した巻道は標高約三七〇メートル付近で谷側へ向かう踏跡に入るが、植林帯で崩れている箇所もあり、見失わないようにしたい。石垣跡から谷沿いの道も不明瞭で、特に大伐採の谷間はかすかなサイン（木切れのテープなど）を見逃さないようにしないと時間を浪費する。視界は全開であるが、荒涼としたガラガラの谷斜面登りは忍耐が要る。

西方の大師堂から滝へ行けるよう（道標あり）だが、あまり歩かれていない様子で、難路だろう。

滝下から東峰へは伐採源頭を斜上する場合、足場が不安定（切株や岩も頼りない）なので、要注意である。滝下の東側から直接に急な尾根に向かうほうが良いが、岩場に慣れていないと危険である。

2.5万分の1地形図／合川・栗栖川

小川谷川の谷間に降り立つと、右岸には数多くの石垣が残されていた。かつての山田跡で、人も住んでいたのだろうか。地形図の破線は廃道のようだ。

そして上部の谷間に入ると、なんと皆伐され、無残な斜面が広がっていた。その徹底的な伐採作業に唖然とする。気を取り直し、涸谷のような流れの脇の踏跡状を登っていく。ただ、見通しはよく、背後に麦粉森《むぎこもり》山や白浜の海が遠望できたのが救いであった。ようやく辺りが樹林帯になると、水音が聞こえ、分領の滝下に出た。冬の渇水期にもかかわらず、意外に水量があり、落差約三〇メートルの滝は見ごたえがあった。鮎川村（現大塔村）と栗栖川村（現中辺路町）の境界はこの滝で東西の峰を分けている。分領の名の由来が納得させられた。

東峰への取りつきは悪かった。皆伐の源頭部はあまりに急で、家内と一緒だけに緊張させられた。ようやく尾根に移ると、ウバメガシなどの樹林帯となり、岩の多い急な登りになるが、踏み跡もあり気が楽になった。そして傾斜が緩むと東峰に出た。尾根は極端に平坦になり、△中ノ又から西に転じ、西峰（分領山三角点）に出た。下りはよく踏まれた道を蕨尾へ向かう。大師堂の参道でもあり、途中で滝が遠望できるが、殺伐とした斜面も見渡せ、複雑な気持ちになった。

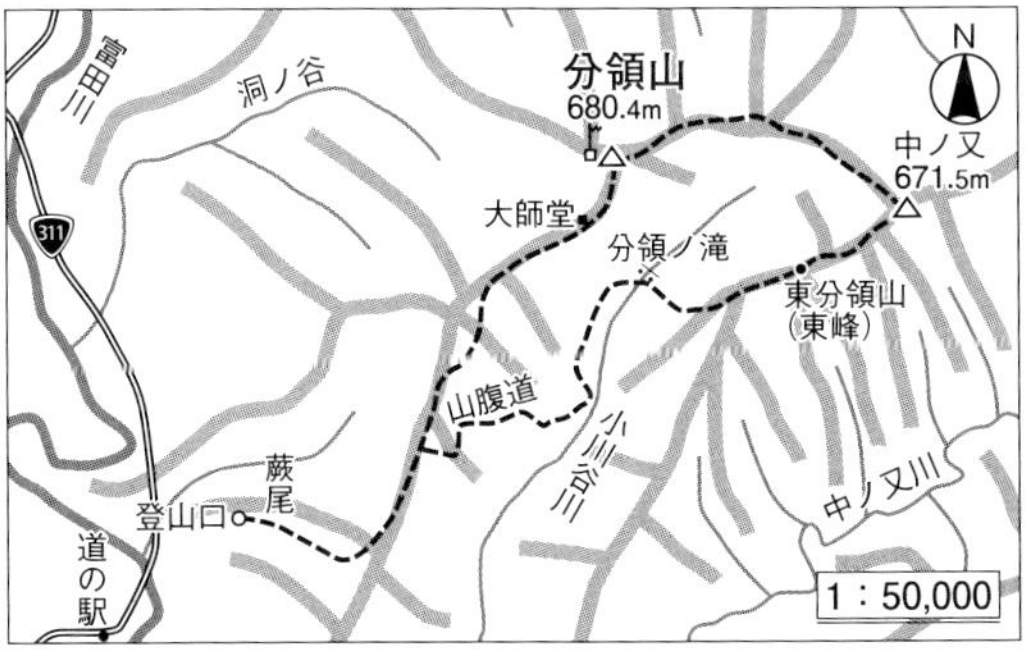

横田和雄の山 ⑦

台高山脈 野江股ノ頭から庵ノ谷高

花咲く台高の静かな尾根を歩く

いつの頃からか「三角点峰」にこだわってきた。京都府の全点を終了した後、次の目標を近畿地方全体に広げた。福井県西部（嶺南地方）も含め、五万図で五百メートル以上をリストアップすると、総数一四六五座を数えた。

近畿北部の若丹《じゃくたん》、江越《ごうえつ》そして但馬の山々は残雪期に楽しんだことが多いのに対し、南部（大半が紀伊山地）は、積雪期はアプローチしにくいことから主に無雪期に訪れた。

紀伊山地は、まさに山ばかり、ほとんど無名の山であるが幾重にも連なり、自分にとって価値あるフィールドとなった。大峰や大台の主要部を別にすれば、ほとんど人に逢うことはない。一つひとつ頂上の三角点標石に会うことを楽しみに通い続けた。二〇万図「和歌山」「伊勢」「田辺」「木本」は次第に赤線の密度が増した。

残りわずかになった時点（二〇一一年）で、とっておきの野江股《のえまた》ノ頭《かしら》と△庵《あん》ノ谷を周回した。体力も落ち、日帰りで歩き廻れるほぼ最長の距離であった。そして山稜で素晴らしい花々に迎えられた。

P154
シロヤシオ。ここではアカヤシオと同時期に咲き、新葉に隠れがちでやや地味だが美しい
P155 上
野江股ノ頭頂上付近のブナ。横に倒れた主幹から数本の支幹が延びて面白い樹形となっている
P155 下
アカヤシオ咲く山稜から野江股ノ頭を望む

白倉山への山稜からは南面が開け、仙千代ヶ峰などを望むことができる

「名山」という点では近畿地方は恵まれていない。はやりの「日本百名山」では伊吹山、大台ヶ原、大峰山の三座だけである。山王国の信州などへせっせと通っていた若い頃、私もそう思い、中部や関東の人をうらやんできた。しかし、山の魅力が静けさにあることが分かると、近畿の山も違った面をみせるようになる。

休暇の取りにくい会社勤めの間に、近畿の三角点全点探訪すべく毎週の土日はほとんど山へ入った。紀伊山地の深部はテントや車泊で通い続けた。入院手術をしたこともあり、予定より早く退職解した時点で、三角点探訪はほぼ終えていたが、遠出に向かうことが多くなり、中座してしまった。

未訪として残ったなかに、野江股ノ頭や庵《あん》ノ谷高《たにたか》（△庵ノ谷）があった。大峰や大台は、本峰はもちろんその周辺に素晴らしい峰々を派生させている。台高山脈でも、池木屋《いけごや》山や迷岳《まよい》は人気があり、私も早期に訪れていたが、野江股ノ頭（地形図では江股の頭）は長らくマークしただけであった。地形図を何度も見て、コースを思い描き、一気に未訪の三角点を二つ周回しようと思った。

暗いうちに家を出、高見トンネルを抜けて、三重県飯高町の蓮《はちす》川に入る。江馬《えま》小屋《ごや》谷の林道終点に車を停めた。朝の冷気、単独とあって、気持ちが引き締まる。コースの情報もなく、うまくトレースできるか不安感がもたげる。登山道に入るとすぐに「滝見コース（上級向き）」の標があり、喜んだ。野江股谷に沿った道は木橋で対岸に渡り、しばらく谷を巻上がると、コースは枝尾根に移る。植林帯の急登となり、自然林に変わっても傾斜は落ちなかった。

朝の元気さで支尾根に乗り、南に登り続けると滝見台（一〇八三メートル）に

●コースメモ

野江股ノ頭から庵ノ谷高はどちらから周回するにしろ、一日では距離は長く、健脚向きである。主稜には要所に道標やテープ類があり、また下生えもなく歩きやすいが、主稜までが不明な部分もあり、注意が要る。

登山口までのアプローチは車にかぎられる。江馬小屋谷林道終点の鉄板橋はしっかりしているが、滝見コースで野江股谷にかかる木橋は現在、流失しているらしい。渡渉か岩伝いに対岸へ渡るしかない。後は踏跡を追って支尾根を目指せばよい。ただ滝見といっても樹木が邪魔してすっきりと滝は望めないので、無理にそのコースを行くこともない。登山口から野江股ノ頭の北東尾根（私は歩いていないが一般コースだそうだ）を上がる方がいいだろう。

庵ノ谷高から入る場合は林道歩きが長すぎて不適。この山稜は池木屋山や古ヶ丸山また迷岳から山中泊で縦走するのが、最良の山歩きとなろう。

2.5万分の1地形図／七日市・宮川貯水池

出る。西方に一直線に落ちる高滝が望めるが、距離があり、期待外れであった。しかし、辺りはドウダンツツジ、シャクナゲ、シロヤシオなどが咲き、華やかな雰囲気になった。尾根は疎林で下生もなく、歩きよい。快晴の空のもと、池木屋山や明神岳などを背後に台高の山稜を歩くことの楽しさに気が浮き立つ。

池木屋山からの尾根に合流すると美しいブナ林が加わり、アカヤシオも群生するようになる。花はちょうど満開で、有頂天になった。こんな見事な花の稜線は記憶がない。しかも、誰一人出会わず、独占する贅沢を堪能しながら進む。そして念願の野江股ノ頭の頂上、三角点標石に気持ちをこめて触れた。

明るいブナの尾根を東に進み、いくつかの起伏を越える。時折、視界が開け、古ケ丸《こがまる》山方面の魅力ある山稜のうねりが見える。仙丁代ヶ《せんちょが》峰や大台ヶ原に連なる山並も親しく、懐かしい。尾根はまた、アカヤシオやシャクナゲに彩られるようになり、白倉山に着く。

白倉山は三五年前に古ヶ丸山から縦走した。台高で初期に訪れた山々だ。北に転じ、シロヤシオ咲く大熊谷の頭で主稜に別れ、下り気味に支尾根を辿ると、庵ノ谷高である。木々に囲まれた平凡な頂であったが、思いは満たされた。後は長い林道歩き。それも苦にならず、嬉々として夕暮れの江馬小屋谷林道へ戻った。

あとがき

若い頃の山登りをいま思い返してみると、ほんとうに面白くて楽しかった。しかしいくら楽しかったとはいえ、こんなにも長く山登りを続けているとは、あの頃は思ってもみないことだった。奥深い谷を三日も四日も遡ったり、重い荷をかついでつらい思いをして雪山をラッセルしたりと、あの楽しさというのは若さがあってこそだと思うのだが、時間が経つにつれて、山でのあらゆる行動が濾過され、その上澄みの楽しかったという思いだけが、体の中にしみ込んでいった。

では年齢を重ねて体力も落ちた今、山登りが面白くないのか、楽しくないのかというと、否という答えが返ってくる。不思議なことに、あの頃に負けないくらい面白くて楽しい。だからこそいつまでも山を歩き続けられているのだろう。

山歩きを続けていて楽しくて面白いと感じるのは、具体的にはどんなところなのだろうか。私にとってのいちばんの悦びは、自然とのさまざまな出合いであった。例えば、クマとの遭遇や、思いがけないところで出合った巨樹、峠道を辿っている時に見かけたお地蔵さまの表情、尾根上のすぐ横に流れる清冽な水流など、突然のあるいは何げない、さまざまな自然との出合いに感動させられた。質こそ違え若い頃も今も同じように、その出合いに悦びを感じられるのが山登りの楽しさ、面白さであろう。若き日の初々しい出合いは減ってしまったかもしれないが、今もそうした突然のさまざまな出合いを求めて山歩きを続けているのであり、その悦びに出遭える確率の高い山に行くというのが、自分のしたい山歩きということになる。

まえがきには五人それぞれの山登りを要約してみたが、アプローチは違っていても、求めるところはあまり人の登らない静かな山である。ここにあげられた山・コースは、一般的な登山道から登るという山は少なく、谷、ヤブ、雪などが立ちはだかるが、このさまざまな障害物を乗り越えていく行為ことこそが、面白くて楽しい山行きにつながっているのである。

近年、比較的雪の少ない低山では、昔と違って山の様相が変わってきている。新たに伐採・植林されているところがほとんどなくなり、スギ・ヒノキが成長して植林地は落ち着いた林に変わってきており、シカ害とササ枯れが重なって林床のササや下生えは少なくなり、山は随分歩きやすくなっている。それに加えてハンディGPSやスマホのGPSの普及により読図の負担が軽減された。ヤブに摑まってもがくことも、地図読みに悩むこともなくなり、昔だったらヤブが深くてとても歩けなかった尾根も自由に歩き回れるところも多くなり、登れる山の選択肢も大きく広がってきている。

まずは山慣れた人に先導してもらって障害物を乗り越えることに慣れていけば、山歩きの面白さ、楽しさが分かってくるはずである。そしてテーマを持って登り続け、人が決めた名山ではなく自分自身が選ぶ名山を持ってほしい。

出版にあたっては、ナカニシヤ出版の中西良社長にお力をいただき形にすることができました。感謝申し上げます。

二〇一八年　六月

草川　啓三

山登りはこんなにも面白い
静かなる私の名山を求めて

2018年9月19日　初版第1刷発行　定価はカバーに表示してあります

著　者　窪田　晋二　檀上　俊雄　草川　啓三
　　　　中西さとこ　横田　和雄
発行者　草川　啓三
発売元　株式会社ナカニシヤ出版

〒606-8161　京都市左京区一乗寺木ノ本町15番地
電　話　075－723－0111
FAX　075－723－0095
振替口座　01030－0－13128
URL　http://www.nakanishiya.co.jp/
E-mail　iihon-ippai@nakanishiya.co.jp

落丁・乱丁本はお取り替えします。ISBN978-4-7795-1320-6 C0025

印刷・製本　ファインワークス